《体育与健身》拓展型乡土教材

一至九年级

TIANYE

TIANYE de QU

田野的趣

TIANYE de QU

主编　康茹萍

QU

上海教育出版社

编 者 的 话

《田野的趣》是一本体育拓展型乡土教材。该教材以《上海市中小学体育与健身课程标准（征求意见稿）》为指导，从体育健身目标出发，以乡土资源为特色，注重学生的健身、体验和发展，同时通过拓展、丰富学生的学习经历，培养学生对体育的热爱，增强学生体育健身的积极性和主动性，让学生学会学习、学会锻炼、学会创新。

本教材在编写过程中得到了嘉定区教育局、嘉定区教师进修学院领导的大力支持，得到了上海市教委和上海教育出版社同仁的热诚帮助和指导，在此表示由衷的感谢。

主　　编：康茹萍

撰 稿 人：顾喜喜　赵雪萍　徐　迪
都立英　陈桂林　徐　彪
戴月芳　蒋之旻　徐艳贤

版面设计：王　捷
封面题字：王绪远
插　　画：康茹萍

《田野的趣》序

我国现代体育教育有着100多年历史，由于时代的变迁和国家教育制度的改革，体育教育也在不同的历史时期被赋予了不同的使命，体现了多种价值，也就是说，随着时代的发展和体育教育本身的发展，人们对学校体育的教育价值的认识也是由浅入深，由片面到全面。为了提升体育学科的教育教学功能与价值，各类极具地方特色的学校体育拓展型教材也应运而生，《田野的趣》是继2000年我区体育特级教师康茹萍主编，由上海教育出版社出版的《田野的风》区域体育拓展型教材之后又一本续集，《田野的趣》更加突出了体育健身的特点，突出了地域文化的特点，突出了学科育人的特点。

体育能够增强人的体质、促进健康，这是人们所共知的事实。然而，学校体育面对的是身心处于成长阶段的青少年，他们的认识水平与身心发展的可塑性都很大，学校体育教育所承担的任务和其他学科一样，通过对运动技能的学习同步完成对人的教育，强身健体只是对体育价值的初级认识，当人们从生存的需要发展到对生活质量的追求，再发展到对自身多种能力的追求时，蕴含在体育教育中的诸多功能被大家所认识并加以研究，如体育活动能愉悦身心、健美体形、陶冶情操、完善人格、培养意志、强化纪律和自我实现等。因此，地方性体育拓展教材把地域文化融入体育学科的教育教学中，丰富了学科的内涵，能更好地完成体育学科的教育教学目标，更充分地体现学校体育学科的核心价值：健身立本，树德育人。

《田野的趣》虽然是一本体育拓展型教材，但在今天这个充满挑战与创新的体育教学课堂上，康茹萍老师及其工作室学员们在实践中又从另一个角度发挥了教材更大的作用，即以教材为载体，体现时代性。《田野的趣》将体育学科本身所承载的功能、价值不断挖掘显现出来，使学习者通过拓展型教材结合基础教材去更好地学习体育学科的知识与技能，尽可能获得更多的收获，得到更多的历练，如获得身体的、心理的健康，获得学习能力的提高，获得综合知识的互通等，并以学生为主体，突出发展性。本书以提升学生学习能力为目标，是由单一层面的体育锻炼和体育学习转化到更综合层次上的拓展和进步，同时完成“课堂转型”。转型后的课堂体现了让每一个学生终身发展的核心理念，注重培养学生的学习方法、情感、态度和价值观。体育拓展型教材丰富了体育基础教材的教育元素与内涵，我们的教师可以通过这些元素引导学生在学习体育学科的过程中，发现和不断体验蕴含在学科中无限的地域文化，获得超出单一学科的更多学习收获与感受。

《田野的趣》在人性化、乡土化、趣味化、社会化的基础上更具健身性、教育性与人文性。黄草、车胎、绳子、竹竿等，这些资源在嘉定区区域内处处可见，是学生们非常熟悉与倍感亲切的地方特色资源，学生在学习中通过运用这些资源可以去更好地了解家乡、亲近家乡、热爱家乡。

嘉定区教育局局长 姚伟

2017.6

目　录

黄草悠悠

草编产品是我国民间广泛流行的一种手工艺术品，利用各地所产的草、玉米皮、麦秸秆为原料制成，品种数以千计。运用黄草也可以编织出许多简单的体育器材，如各种形状的球、飞碟等。

黄草悠悠

草编产品是我国民间广泛流行的一种手工艺术品，利用各地所产的草、玉米皮、麦秸秆为原料制成，品种数以千计。以实用性和工艺性著称的嘉定草编织品就是其中之一，如草拖鞋、草包、草帽、草筐。那么草编织品能否为体育教学服务呢？带着这个问题我们进行了尝试，发现利用黄草是可以编织出许多简单的体育器材，如各种形状的球、飞碟。只要我们开动脑筋，一定会创造出更多的草编体育器材。

运动园地

草编橄榄球

目标：提高学生的投掷能力与团队合作能力。

方法：每队由 5~6 名队员上场比赛，把球掷进对方球门即为本队得分。开始时两队队员分别站在中圈线上，类似英式橄榄球的开球方法。抢球后通过持球奔跑或与本队队员相互传接球向前推进。比赛分上、下半场，各为 10 分钟。进一球得 1 分，得分多者为胜。

要求： 球触及界线外的任何人员、地面、物体就视为球出界。球接触了队员又接触了其他物体出界，最后触球的队员为使球出界的队员。出界球采取掷界外球。掩护队员必须与对手保持一步距离，避免发生身体接触。攻方队员攻进时，对方队员不可挡住球门。

草编手球

目标： 提高学生的投掷能力与团队合作能力。

方法： 每队上场队员为七名，其中六名球员及一名守门员。进攻队员持球最多走三步，运球后还可走三步，持球不得超过 3 秒。

把球掷进对方球门即为得分。进一球得 1 分，得分多者为胜。比赛分上、下半场，每半场时间均为 10 分钟。

要求： 只允许守门员进入球门区，但进攻队员在完成射门动作球出手后进入球门区或防守队员在不获利的情况下进入球门区可以不受罚。防守队员可以用张开的手臂进行防守，用手拨开对方手中的球，但不允许用拳头击打对方手中的球；可以用身体阻挡对方持球或不持球队员的移动，可以用弯曲的手臂从正面接触进攻队员，但不允许使用推、拉、抱、撞、打、绊等动作，不允许故意向对方身上掷球。

草编篮球

目标： 通过模拟篮球的比赛方法，提高篮球的基本步法与传球能力。

方法： 以篮球比赛的规则为准，中场开球。投进对方的篮筐得 2 分，进球后换对方底线发球，比赛继续。比赛时间为 10 分钟。

要求： 持球队员在走步前（第二步中枢脚落地前）把球传出；不设禁区；只传球不运球（因为草编篮球弹性不足）。

草编足球

目标： 通过模拟足球的比赛方法，提高学生对足球运动的兴趣与能力。

方法： 比赛以足球比赛基本规则为准，中场开球。比赛双方设一个球门，场上队员各 12 名，双方利用脚进行传接球的对抗，踢入对方球门多者为胜。比赛时间分上、下半场，每半场时间均为 10 分钟。

要求： 比赛场地约为半个足球场，比赛的规则参照足球比赛规则。

滚 球

目标： 发展滚掷球的能力，提高学生投掷的能力。

方法： 两脚前后开立，两腿屈膝，手持黄草手球由后经体侧向前用力挥臂，将黄草手球向前滚出。

要求： 由后向前快速摆臂，贴近地面时球出手。

掷 球

目标： 掌握肩上投掷的方法，提高学生投掷及投准能力。

方法： 将一只黄草手球握在手里，对空地或者墙进行投掷练习；或者在前方放置目标物，在一定距离的地方手持一只黄草手球，两脚前后站立，面向目标物，进行快速挥臂，将黄草手球投向目标物并击中（倒）目标物。

要求： 手高于头、肘高于肩，快速挥臂。

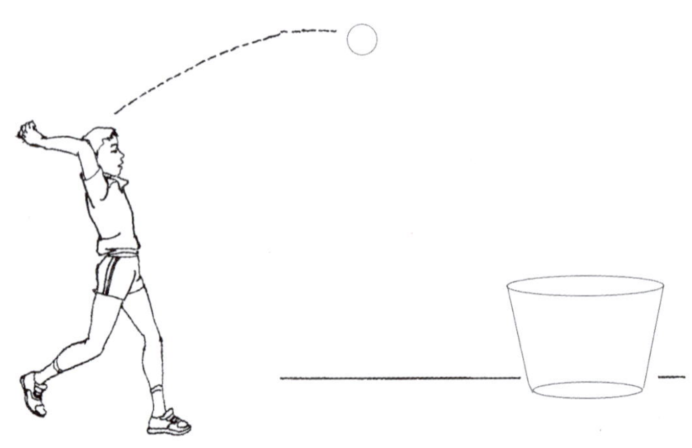

链 球

目标：发展身体协调性，提高投掷能力。

方法：将一根细绳系在有重量的黄草手球上，双手握住细绳的另一头，以旋转的动作形式，使黄草手球获得逐渐加速，最后将黄草手球投向远方。

要求：旋转及出手时脚站稳。

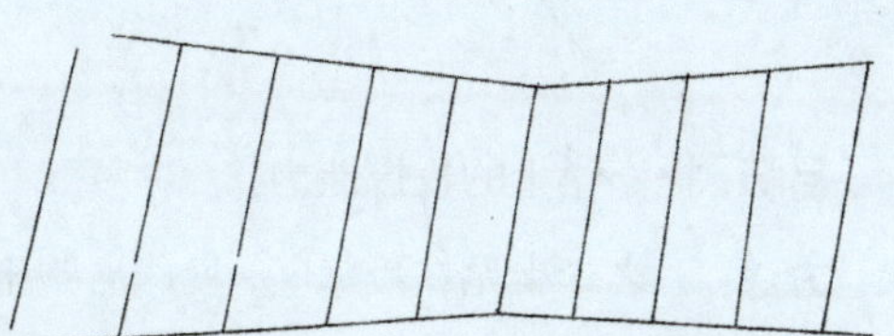

打 靶

目标：发展学生投准能力，提高上肢力量。

方法：将大空心黄草绳圈系挂在跳高架上，在一定距离处画根线。学生在线外用草编手球对准绳圈内进行投准练习，此方法可以练习单手肩上投掷，亦可练习双手前抛黄草手球等。

要求：要有一定的出手速度。

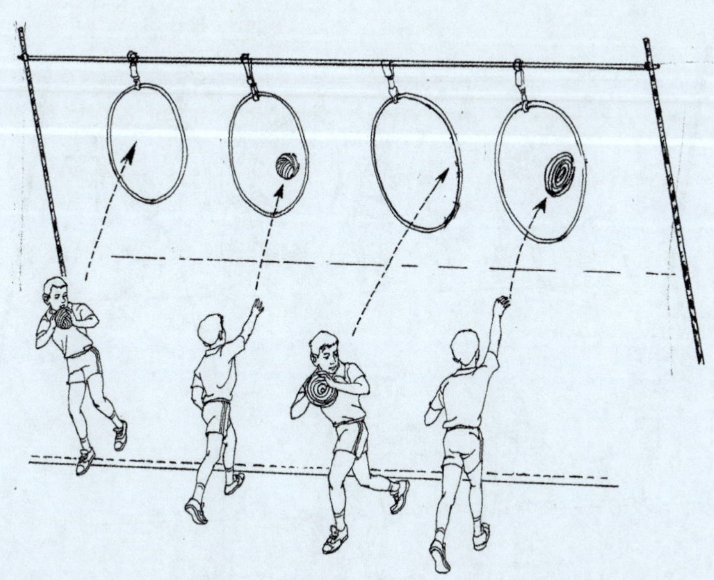

抛接球练习

目标：提高学生的投掷能力。

方法：一名学生站在投球区，投球后跑至接球区准备参加下一轮接球，5～6 名学生站在接球区内，争夺抛来的球。接球后跑到投球区得 1 分，然后继续向接球区投球，依次类推，得分多者为胜。

要求：准备接球的学生要积极跑动。

钻　圈

目标：锻炼学生投准能力，提高学生投掷兴趣。

方法：学生分两组，分别站在投掷圈两侧的线上，手持草编球或草编飞碟，对准投掷圈投或抛，对面学生接住或捡起器材后以同样的方式投或抛过来。

要求：投掷或抛草编球或飞碟时要使其穿过投掷圈。

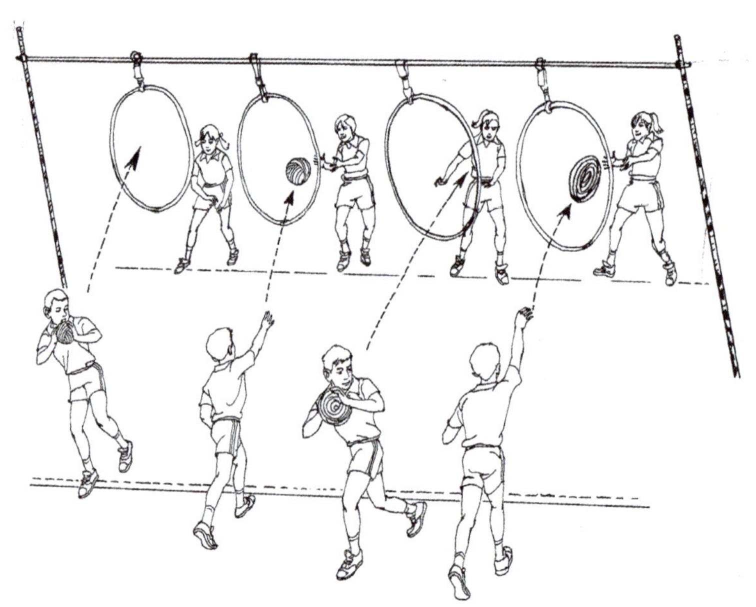

绕障碍物踢球

目标：发展学生的灵敏素质。

方法：用车胎或其他材料当作障碍物间隔放置，学生脚踢草编球做“S”形绕障碍跑。可根据教学与教材的要求组织比赛。

要求：根据学生的身体素质，设置动作难度和比赛难度。

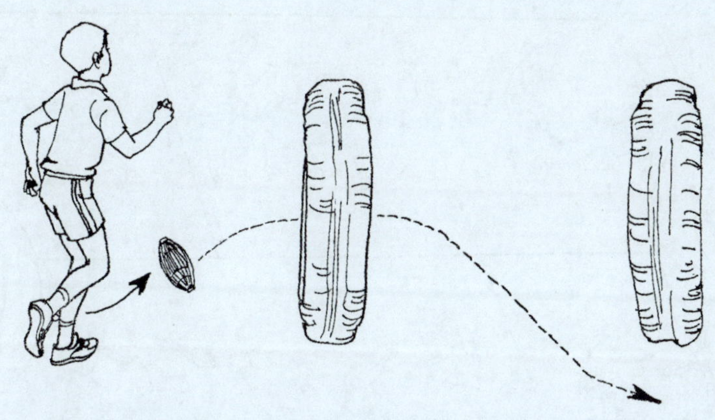

接稳了

目标：锻炼学生上肢力量和对物体的控制能力。

方法：把学生分成两人一组或三人一组，间隔一定的距离，把飞盘套在左手上，右手持草编毽子向同伴投掷，同伴要把毽子稳稳地接在左手的飞盘上而不掉下来。

要求：学生在投掷时要高而稳，用力不要过猛，要有一定的控制能力。

进攻与防守

目标：培养学生攻防的意识，提高攻防能力。

方法：把场地分成 6 块，每块站两名学生，一名是进攻队员，一名是防守队员，每名队员只能在自己的区域内进攻或防守，也可以传球给其他区域的同队队员直至进球。

要求：每组队员不能跨出自己的区域，抢球时不能做危险动作，如打人、踢人。

快乐三毛球

目标：发展学生判断能力和身体的协调性。

方法：两人一组，也可以多人一组，相隔一定距离，用打三毛球的方法将草编毽子击打过去。根据不同水平进行分组。比赛规则简化，赢的发球，球落地即算失败，一局 15 分。

要求：两人一组的练习以连续击打多次时为胜，隔网比赛的发球要发对角线。

你追我赶

目标：发展学生的应变能力。

方法：两人一组，相对而立在各自区域内，中间放置一个草编的毽子，听总指挥喊数（可以适当增加难度，使用加减乘除），听到单数，左边的学生逃，右边的学生拿起毽子，想办法投中在逃的学生，逃出规定范围就不能再投了，同样，听到双数时右边的学生逃，左边的学生投掷。投中得 1 分，没投中则对方得 1 分，最后以分数高者为胜。

要求：每组保持一定的距离，投掷头以下部位。

踢草毽比赛

目标：发展学生的下肢力量，提高注意力和灵敏性。

方法：同一般毽子一样，可以是单踢、对踢、多人踢。

要求：由于草编毽子比较重，可能速度比较快，所以对踢、多人踢的时候，需要规定一个范围来限制。

草编飞碟

目标：提高学生的灵敏性。

方法：两人相距 5～6 米，一名学生单手持碟，以肘关节为轴挥动前臂使碟向对方飞去，另一名学生根据碟的飞行路线，及时移位用单手接住飞碟，重复练习。

要求：接飞碟时要快速移动。

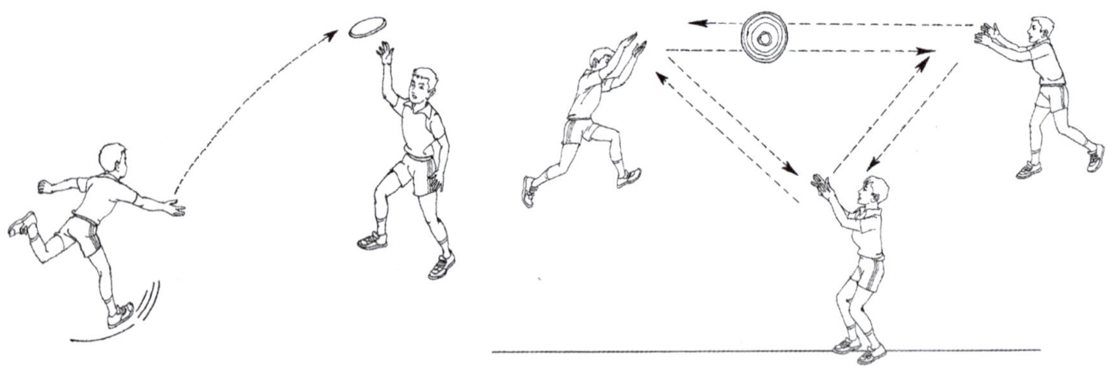

套　圈

目标：培养学生的投准能力。

方法：盘与球组合后置于地上，距 2～3 米处画一直线，队员拿草编圈瞄准后向球套去，圈套住球者得 1 分。

要求：手眼协调配合。

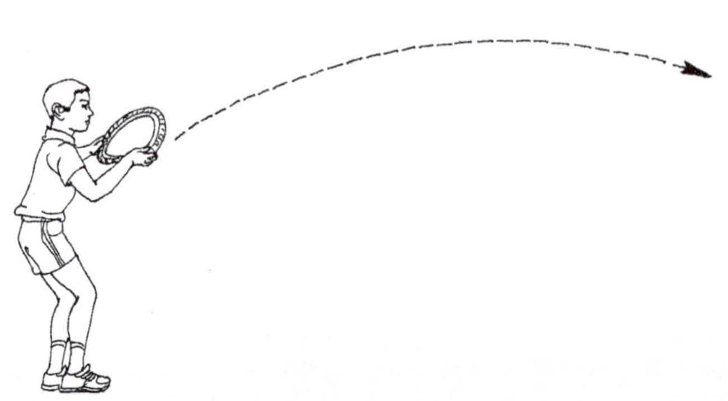

打“野鸭”

目标： 发展学生上肢力量、奔跑能力和灵敏性。

方法： 将学生分成两组，一组学生站在圈外，另一组学生进入圈中，然后圈外的学生用两个草编球（可以是黄草手球，也可以是草编橄榄球）扔向圈里的学生，打中的自动退出。

要求： 要投在腰以下的部位。

传接球比快

目标： 通过传接球比快的活动，提高合作能力。

方法： 将学生分成相等人数的小组，队形可根据活动的特点和需要进行组织和调整。学生根据传接球的规定（头上传接球，胯下传接球，头上至胯下传接球等）方式进行传接球，以哪组球最先传接完成为胜方。

要求： 球落到地上，需重新从第一位学生开始。

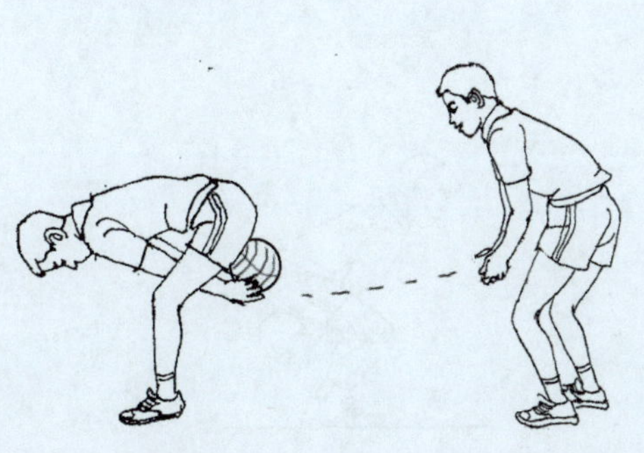

齐心协力

目标： 提高学生空间判断能力和控球能力。

方法： 五人一组，每组中选择一名队员进行抛球，另外四名队员用一次性的台布或者普通布，各持一角，展开成“网”。抛球人在规定的区域内将球抛出，四名队员齐心协力接住球，队员间可轮流抛、接球。

要求： 抛接要配合好。

趣味玩球

目标： 体验球感，培养学生的创新玩法。

方法： 持球绕身体不同部位玩耍球，如在身体任何部位（肩、背等）滚动，或绕腰部、胯部、腿部等身体各部位。

要求： 控制好球不落地。

黄草保龄球

目标：发展学生上、下肢协调能力和滚动投准能力。

方法：利用 10 或 15 个装有少量沙石的塑料瓶排成保龄球的三角形，按三角形顶端开始每排分别为 1 个、2 个、3 个、4 个（或 5 个），并将这些塑料瓶放置在平坦的地面上。在距离六七米处画一起点线，学生由起点线开始对准塑料瓶滚黄草手球。游戏以小组合作完成全部击倒塑料瓶为胜利或对击倒的塑料瓶进行积分，1 瓶 1 分，得分高者获胜。

要求：球以贴地滚为准，人不能超线。

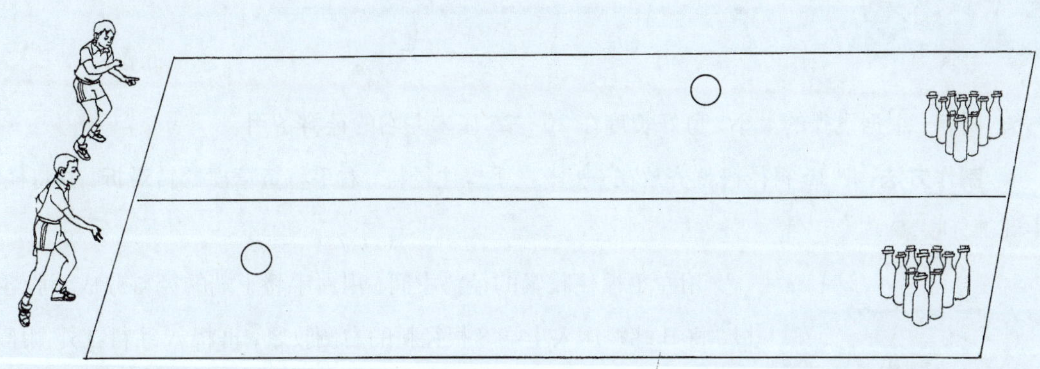

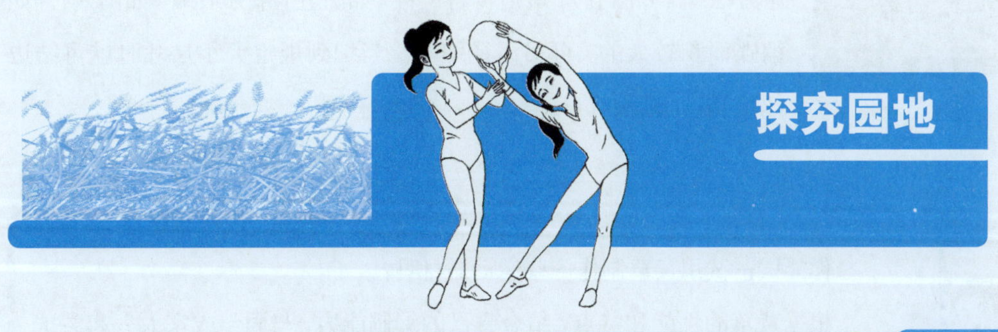

探究园地

教具制作

草编制品可选材料：嘉定的黄草，青浦的茭白叶，海、河滩边的蒯草。

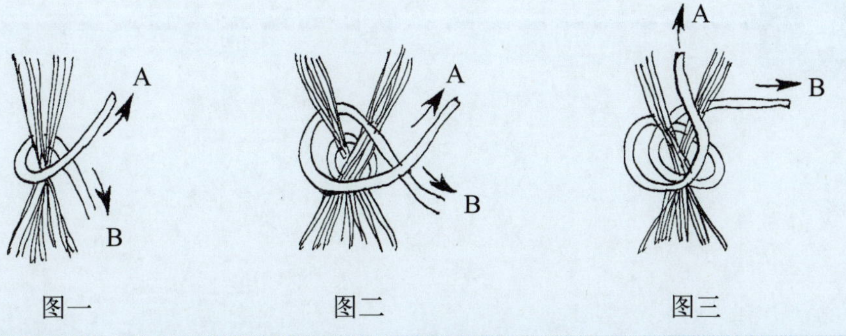

图一　　图二　　图三

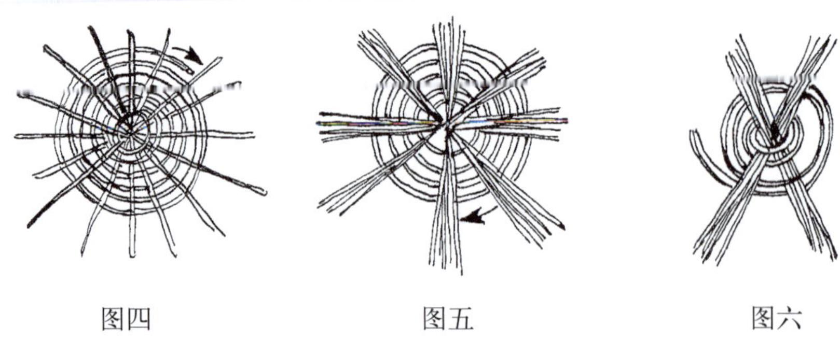

图四　　图五　　图六

草编飞碟

★ **材料：**根据飞碟的大小，剪好长度在 20～25 厘米左右的径料备用。

★ **制作方法：**把 16 根径料整齐放在一起，左手捏住径料，右手将黄草皮捻转对折，并将径料的中间部分收紧。

用左手捏住收紧的径料中间，用右手将上端的径料分成两股各 8 根，将 B 纬料压入上端 8 根径料的右侧收紧，再将 A 纬料在外侧压住 B 纬料（如图三），与 A 纬料交叉。将两径料收紧后，再按同样方法将 3、4 径料分开编（如图四），然后将径料 1、2、3、4 再分成各半，按原方法编（如图五），最后再将径料（如图五）平分后编（如图六）。如编碟面积较大的，可另添径编制。当编到规定大小尺寸时就可结边（做三路），最后收口。

想一想

你能试一试用黄草制作一些运动器材吗？

根据黄草的性能和特点，结合自己的编制能力，与同学或家人一起尝试编制一些体育器材，在编制过程中，要注意从器材的美观、实用、锻炼价值、适用人群等方面考虑。试一试，你一定行。

作品名称	制作方法	运动方法

★ 你会用黄草编制的体育器具玩吗?

用黄草还可以编制许多体育器材，我们用这些自编运动器材，可以开展形式多样的体育活动和游戏，大家都可以去尝试一下。

学习情况 内容	初步会玩	基本会玩	玩得很好
橄榄球			
草编飞碟			
花样飞碟			
草编毽			

草编蹴鞠

“蹴鞠”一词，最早载于《史记·苏秦列传》。蹴鞠又名“蹋鞠”“蹴球”“蹴圆”“筑球”“踢圆”等，“蹴”即用脚踢，“鞠”系皮制的球，“蹴鞠”就是用脚踢球。它是中国一项古老的体育运动，有直接对抗、间接对抗和白打三种形式。蹴鞠流传了2300多年，它起源于春秋战国时期的齐国故都临淄，踢球方法以娱乐健身性的单球门踢法逐步演变为竞技性的多球门、双球门踢法，规则与技法已日趋成熟。还有一种非竞赛性、以娱乐为目的的无球门踢法，可个人进行，也可多人相互之间进行。踢球时，可以用头、肩、背、腹、膝、足等部位接触球，灵活变化，随心所欲。

★ 打鞠，又叫一般场户，按照上场踢球的人数分为一人场（井轮）、二人场（打二）、三人场（转花枝）、四人场（流星赶月）、五人场（皮破或小出尖）、六人场（大出尖）、七人场（落花流水）、八人场（八仙过海）、九人场（踢花心）、十人场（全轮）的十种比赛方式，用以健身、表演和竞赛游戏。活动的形式有颠球、对传、绕身滚动等。其中一人场，身体的部位都可以代替两脚触球，比赛时不限人数，各自独踢，有时也可以单独表演。这种踢法在唐朝时传往日本。

★ 白打场户，两人对踢，也可以多人（成偶数）对踢。唐代女子踢球大多不用球门，采用的大多是此种方法。

★ 踢鞠，比赛看谁踢得高。这种踢法在唐代时传到日本。

同学们，你们会玩了吗？一起试一试吧！如果你有更多、更好、更创新的踢法，也可以试一试哦！动动脑、动动手、玩一玩！

小知识

车胎妙用

面对汽车消费高速增长的机遇，嘉定汽车城正在被建设成国际一流的汽车贸易中心、汽车博览中心、汽车物流中心、汽车研发中心、汽车信息中心、汽车服务中心和汽车文化中心。在它的周围也建了许多汽车维修站，而每年所要报废的汽车轮胎不计其数。这些维修站里所报废的汽车轮胎在我们体育教师的眼中成为了妙趣横生的体育活动器材。

车胎妙用

面对汽车消费高速增长的机遇，嘉定汽车城正在被建设成国际一流的汽车贸易中心、汽车博览中心、汽车物流中心、汽车研发中心、汽车信息中心、汽车服务中心和汽车文化中心，在它的周围也建了许多汽车维修站。而每年所要报废的汽车轮胎不计其数。我们向大家介绍的运动器械正是这些维修站里所报废的汽车轮胎，我们把车胎涂成各种不同的颜色，通过车胎滚动的原理结合体育教材进行各种练习，有效地激发了学生的学习热情。

运动园地

双脚跳

目标：发展学生下肢力量。

方法：把车胎放成一排或根据需要排成所需图形，然后双脚连续跳入车胎中，可以按顺序排着队跳，也可安排接力赛。

要求：双脚并拢，控制重心，弹跳有力。

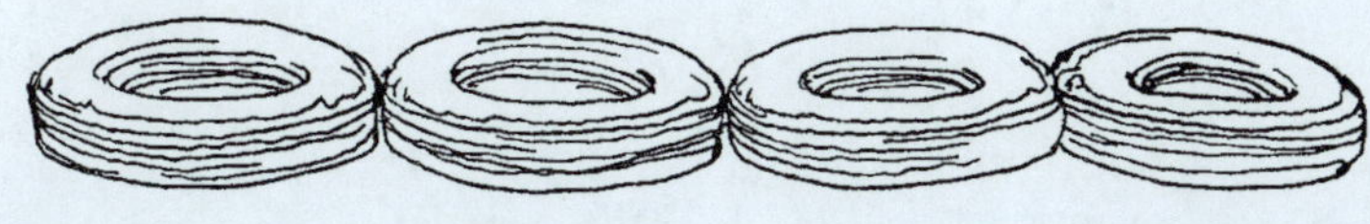

分合跳

目标：发展学生的下肢力量和协调能力。

方法：把车胎两两并排在场地上，左右距离小一些，前后距离按学生跳跃能力的大小有机地控制，学生分腿跳入两个车胎内，然后并腿跳出车胎，再分腿跳入前面的两个车胎中，依次下去，直到跳完为止。

要求：双脚同时起跳，同时落地。

跳跃车胎

目标：发展学生的下肢力量，提高跳跃能力。

方法：双脚或单脚从指定的线上依次跳入车胎。

要求：跳越时双脚要并拢，在车胎中间跳过。

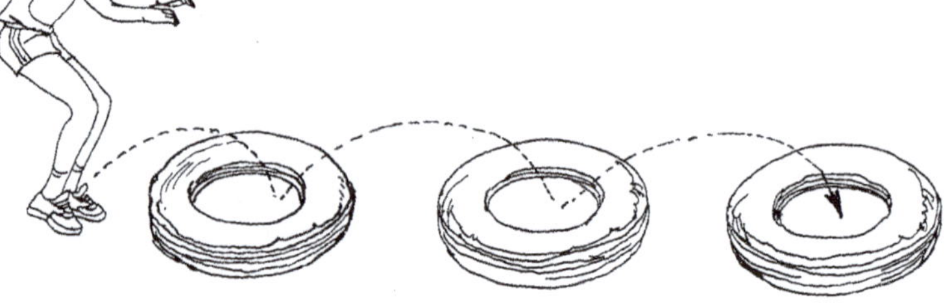

支撑跳车胎

目标：发展学生的跳跃能力。

方法：把车胎竖起间隔放置，学生依次两手支撑跳过车胎。

要求：跳起时身体重心控制在车胎的中间，双脚同时起跳跃过车胎。

跨越车胎

目标：发展学生的下肢力量，提高跳跃能力。

方法：把车胎间隔一定距离竖起放置，按跨栏的动作跨越车胎。

要求：单腿跨越，注意助跑节奏。

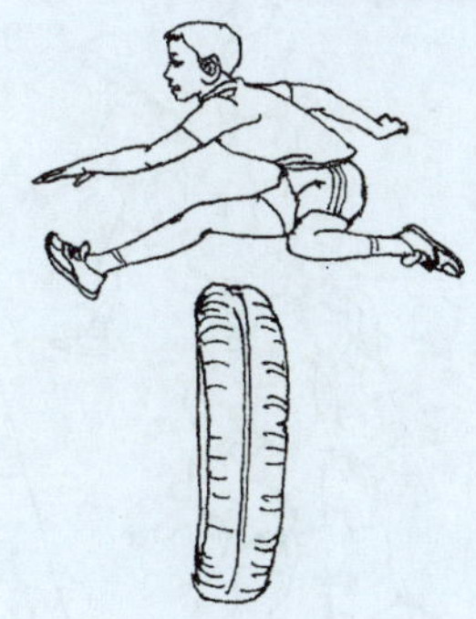

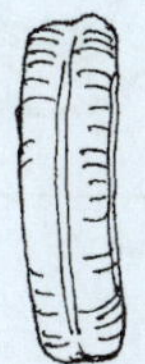

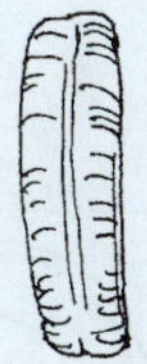

俯卧跳

目标：发展学生的上、下肢力量。

方法：双手撑在车胎两侧边，进行连续俯卧跳。

要求：双脚并腿跳入车胎内。

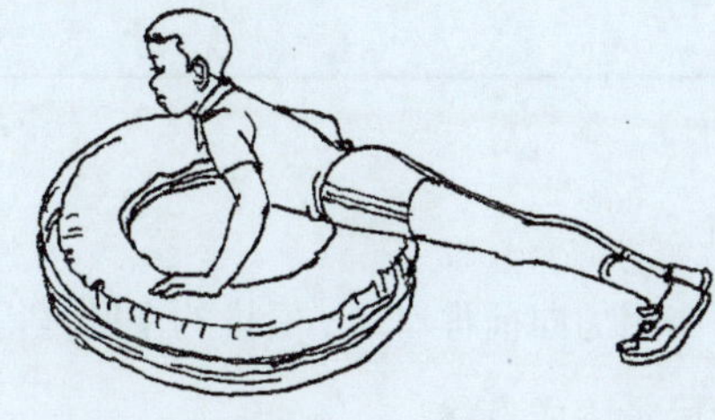

爬车胎

目标：发展学生的协调能力。

方法：把车胎放成一排，学生利用各种姿势（屈腿、直腿、象步等）进行爬车胎练习。

要求：手和脚一定要在车胎上。

推车胎

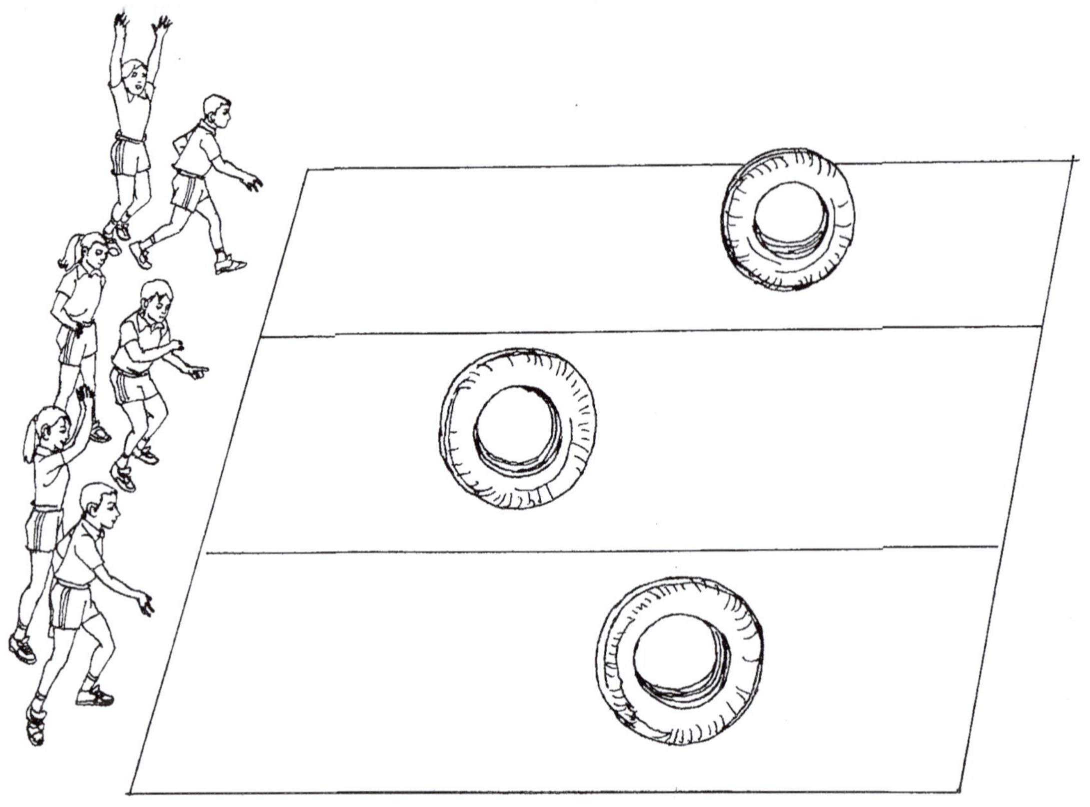

目标：发展学生的上肢力量。

方法：学生站在线上，听口令用力向前推车胎，看谁的车胎推得又远、又直、又快。

要求：全身协调用力，车胎尽量滚成直线。

搬家家

目标：发展学生的上肢力量，培养合作精神。

方法：两人一组，齐心协力以最快的速度把车胎搬回指定点，然后把指定点中的另一个车胎搬回起始点，分组接力看哪一组速度最快。

要求：车胎要放在指定位置，注意两人的配合。

举　重

目标：发展学生的上肢力量。

方法：在同伴的帮助下，举起车胎做屈臂、上举动作。

要求：上肢力量较差的学生要有同伴保护和帮助，上举时手臂伸直。

翻动车胎

目标：发展学生的上肢力量。

方法：车胎平放在地上，学生利用双手或单手翻动车胎使之向前移动到目的地，可以组织学生进行比赛。

要求：用力要均衡，平稳地翻动车胎。

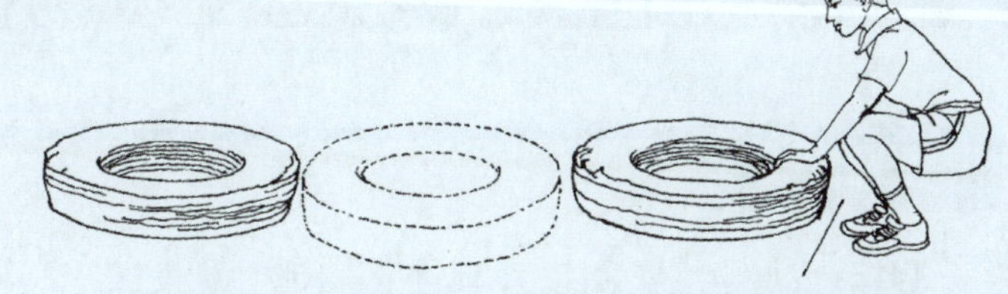

拖拉车胎

目标：提高学生的上、下肢力量。

方法：把绳子栓在车胎上，一人用拖或拉的形式移动车胎。根据学生力量的大小可增减车胎数量。

要求：栓绳子的部位要离地。

甩起来

目标： 发展学生上、下肢力量及提高身体协调能力。

方法： 车胎水平放置，四位同学一组，将四根短绳系在车胎上，四人每人手持一根短绳，将车胎有节奏地向上抬起，再敲地。

要求： 团结合作，同时用力，配合默契。

勇攀高峰

目标： 发展学生攀爬能力，促进上、下肢协调发展。

方法： 将车胎垒成障碍，学生分组比赛，在一定的时间内翻越障碍。

要求： 团结协作，安全保护。

车胎投准

目标：发展学生的上肢力量，提高身体协调能力。

方法：三人一组，其中两人面对面站立于标志线处，一人将车胎叠起。一位同学投掷海绵球，掷出的球从车胎中间穿过，另一位同学抢球，依次练习。

要求：挥臂快速，身体协调。

连续钻越车胎障碍

目标：发展学生的协调能力和灵敏素质。

方法：四人一组，从起跑线开始，以最快速度越过车胎障碍，各组进行比赛。

要求：尽量不要碰倒车胎。

足球射准

目标：发展学生的足球技术和下肢力量。

方法：三人一组，每人持球站于标志线，将球射进竖起的车胎中。

要求：将球射进竖起的车胎，摆腿快速。

海绵球掷远

目标：发展学生的上肢力量，增强对出手角度的认识。

方法：三人一组，一人站于轮胎上将手举起，另外两人站于两边，两边的人掷球越过中间的人。

要求：不能被中间的人拦下球。

推车胎绕杆

目标：发展学生的协调能力。

方法：四人一组，一人站于起跑线准备好，采用迎面接力的形式，推车胎绕过中间的障碍。

要求：推得越快越好，不要碰倒障碍物。

健身园地

开动你的汽车

目标：锻炼学生的灵活性、协调性和反应能力。

方法：分成若干组，每组将车胎竖起，根据信号或指示标志做出相应的反应。如听到长哨“向前开”，听到短哨“倒车”，禁令标志“停车”等。

要求：必须将“车”开在自己的“车道”中，以避免事故。

角　力

目标：锻炼学生的平衡能力。

方法：两人分别站在相邻的两个车胎上，相互推对方身体的各个部位，一方被推下车胎则为败方，两人可以在自己的车胎上随意移动。

要求：互相推的时候不能踩到对方的车胎上。

你追我赶

目标：锻炼学生的平衡能力。

方法：把一个个车胎排成圈，学生间隔站在车胎上。教师鸣哨后，学生以最快的速度按顺时针方向走，若追到前面的人就把他推下车胎，看谁坚持到最后。

要求：在推前方的人时不要用力太猛，应注意安全。

钻山洞

目标：发展学生上、下肢力量。

方法：车胎依次竖起摆放成一排，学生听到信号后快速、连续钻过车胎，可组织比赛。

要求：有秩序地进行。

听令抱圈

目标：发展学生灵敏反应能力。

方法：车胎按不同个数叠加，学生听令抱圈。例如：当教师喊“3”，学生以最快的速度找到并将车胎叠加成3层。

要求：学生参与的人数应该是叠加车胎的倍数。

甩甩甩

目标：发展学生上肢和腰腹力量。

方法：站在指定的区域，手持车胎（可以是双手也可以是单手），原地转圈顺势把车胎扔出去，看谁甩得远。

要求：甩的方向要正确，必须是站的区域以外的地方。

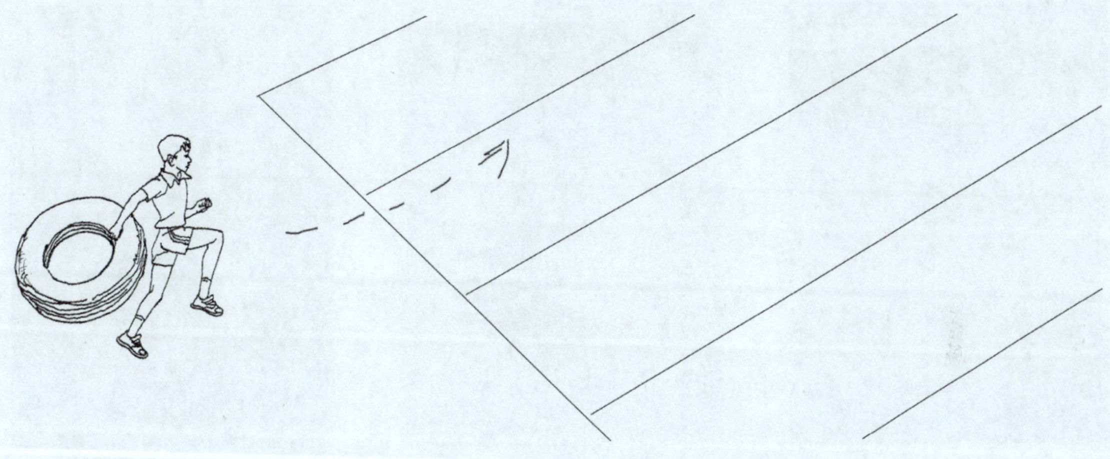

向后滚车胎

目标：发展学生的协调能力。

方法：四人一组，一人站于起跑线准备好，采用迎面接力的形式，向后滚车胎绕过中间的障碍。

要求：推得越快越好，不要碰倒障碍物。

车胎搬运工

目标：发展学生的协调能力。

方法：四人一组，把四个球或其他物体放置于终点，将车胎滚至终点处，将终点的物体搬运回起点。

要求：推得越快越好，一次不能搬多个物体。

F1 赛车

目标：发展学生的团结协作能力和意识。

方法：五人一组，四个同学推车胎，一同学站在四个车胎中间，组成赛车，相互比赛，越快越好。

要求：同学间协调配合，不推车胎的同学不能跑到外面。

穿过“铁索桥”

目标：改变学生途中跑的节奏。

方法：在平整的场地或跑道上画出长30米、宽2米的跑道4条，把十个车胎用钢丝串联成一排，组成一个“铁索桥”（“铁索桥”周围用垫铺平）放置在跑道的中间位置。学生从起点跑到“铁索桥”时快速踩着车胎的边缘通过，下桥后快速冲向终点。

要求：通过“铁索桥”时只能踩边缘，不得踩进轮胎的中空位置。不能跳过或绕过“铁索桥”。

对对碰

目标：培养学生眼疾手快的能力。

方法：在篮球场或平整的场地上，画直径为10～15米的圆，当中用石灰线画出一个“十”字型。游戏中学生分成四组，每两组在一个圆上，一方为攻方，一方为守方。游戏开始时，各组学生分成两小组站在直径的端点上，当攻方把手中的车胎沿直径向对面滚过时，守方的学生用手中的车胎沿另一直径去拦截对方滚过的车胎。然后，两组交换进行。

要求：车胎必须通过直径进行滚动。守方每成功拦截攻方一个得1分，反之攻方得1分，最后得分多为胜。

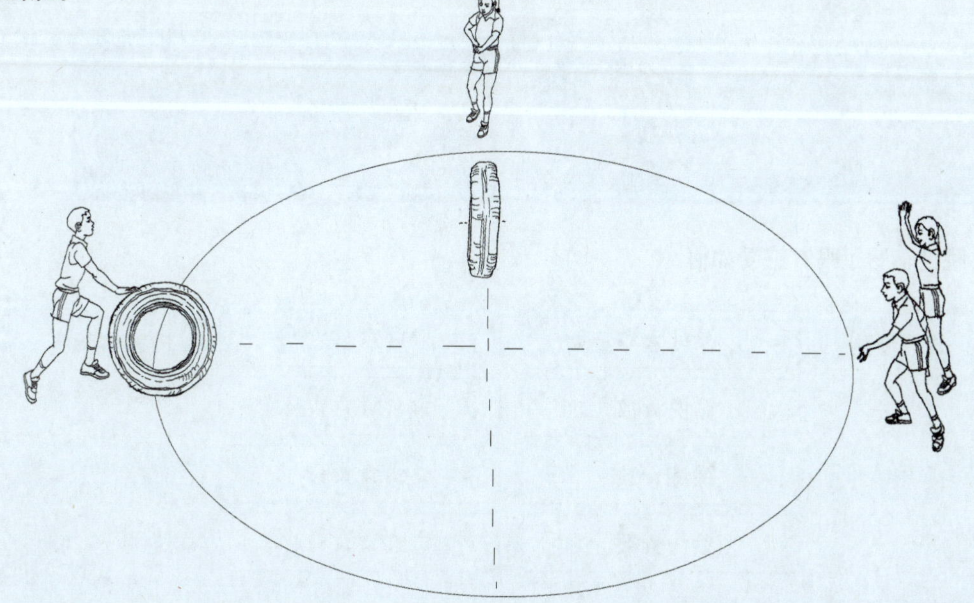

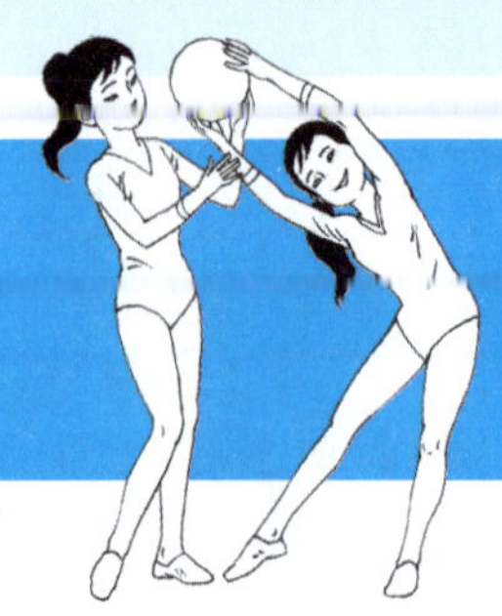

探究园地

★ 除了废弃的车胎外，你知道还有哪些类似的废弃物可以充分利用，能列举一些吗？

物品名称	练习方式	作 用

想一想

你能回答一下车胎向前滚动的原理吗？怎样才能使车胎滚得又快又直？

测评园地

★ 你跳过车胎了吗？感受如何？

效果预测			情感体验填☆数
	健身★数	☆☆☆☆☆	
	愉悦★数	☆☆☆☆☆	
	锻炼★数	☆☆☆☆☆	
	参与★数	☆☆☆☆☆	

BMW 宝马 “宝马”这个名字来源于香港，因为当时的香港人非常热衷于赛马。宝马汽车一向给人高贵的印象。

PASSAT 帕萨特 “帕萨特”是一股每年从大西洋南部吹向赤道方向的季风的名字。几乎所有帕萨特车子水滴状的外型都让人感觉到无与伦比的流畅，故被称作“永恒的季风”。

BORA 宝来 “宝来”名字是来自意大利语，是风暴的意思。它是中国第一辆为驾驶者量身定做的跑车。

GOL 高尔 “高尔”这个名字，在西班牙语中的意思是心灵手巧，马到成功，象征着车主勇往直前的气概。高尔轿车造型简练，价格低，安全可靠。

POLO 波罗 “波罗”（Polo）由上海大众汽车公司于 2002 年 4 月正式推出。波罗是一项在英格兰非常有名的体育活动，称为“马球”。

SAIL 赛欧 “赛欧”一词来自英语，是航行的意思，象征赛欧是一只小船，正扬起风帆，乘风破浪，驶向广阔的轿车市场，俗称“小别克”。

小知识

花样跳绳

跳绳运动是大众喜闻乐见的、普及性很高的体育活动，也是中小学体育教学中经常使用的运动器材。跳绳运动的健身价值非常高，通过变换跳绳的方式可以激发学生的跳绳兴趣，增加运动的快乐感。

花样跳绳

跳绳运动是大众喜闻乐见的、普及性很高的体育活动，它不仅可以提高有氧和无氧代谢能力，有效地发展心血管系统，还能促使肌肉纤维中的蛋白质含量增加，能量物质贮备增多，毛细血管网增生，从而使肌肉变得结实而富有弹性。跳绳运动还可以增强小腿、踝关节力量，增强身体的控制能力、协调能力和灵巧性。跳绳练习实用、灵活，尤其适合那些场地条件较差，活动空间较少，学生人数相对较多的中小学校。

运动园地

肩关节练习

目标：提高学生肩关节的灵活性。

方法：两脚左右开立，先将短绳折成 3～4 折，两手分别握住两端，垂于体前，然后上举经头上向身后直臂翻下，接着向前翻回，连续几次后，可将一端在手上缠绕一圈使绳变短再重复上述动作。

要求：手尽量向远处伸。

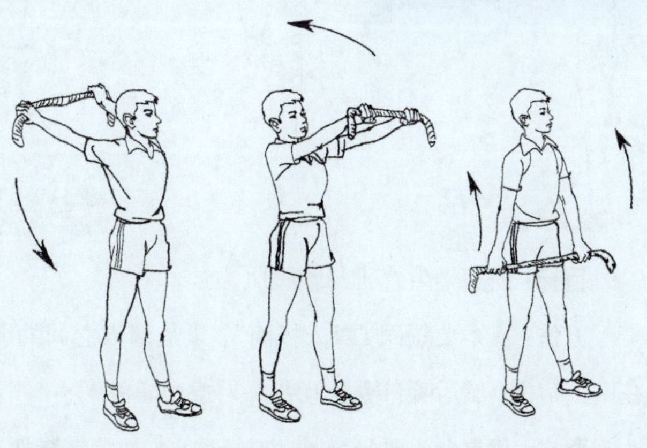

跳跃横绳练习

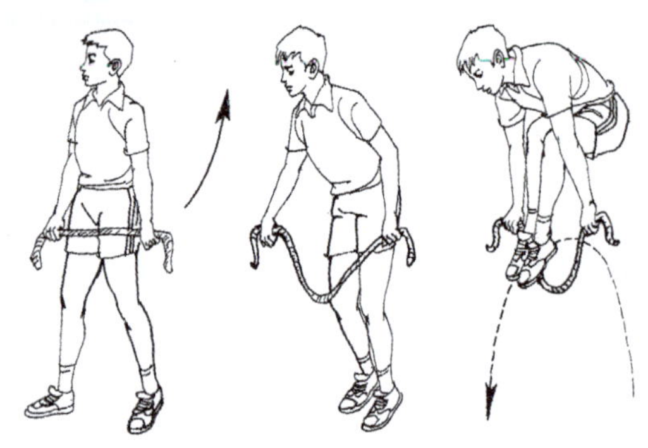

目标：提高学生的下肢力量，跳跃能力，灵活性和协调能力。

方法：两脚并立，将绳四折，两手分别握住绳的两端于体前，然后身体前倾，并腿向前（也可向后）跳跃横绳，跳过几次后，可将绳向手上缠绕，使绳变短，继续跳跃。

要求：持绳高度不可过低。

双人拔河

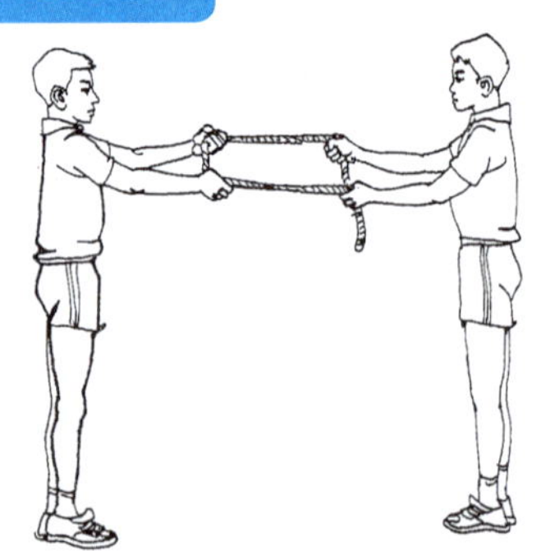

目标：提高学生的上肢力量和灵活性。

方法：两人面对面站立，各将短绳四折，右手持绳，然后将绳在手上缠绕一圈，两人同时用左手将对方短绳一端扯起，并缠绕一圈在手上，听口令进行拔河游戏。

要求：听口令同时发力，注意安全，不可突然放手。

互背、负重练习

目标：提高学生背肌与腰腹肌力量。

方法：基本要领同“双人拔河”，只是两人之间的绳距适当缩短，然后同时转身成背向站立，绳在两人肩上，然后听口令做互背练习或负重练习。

要求：负重者不要下蹲，控制好重心；被背者脚要离地，尽量使背贴近对方。

单、双脚跳练习

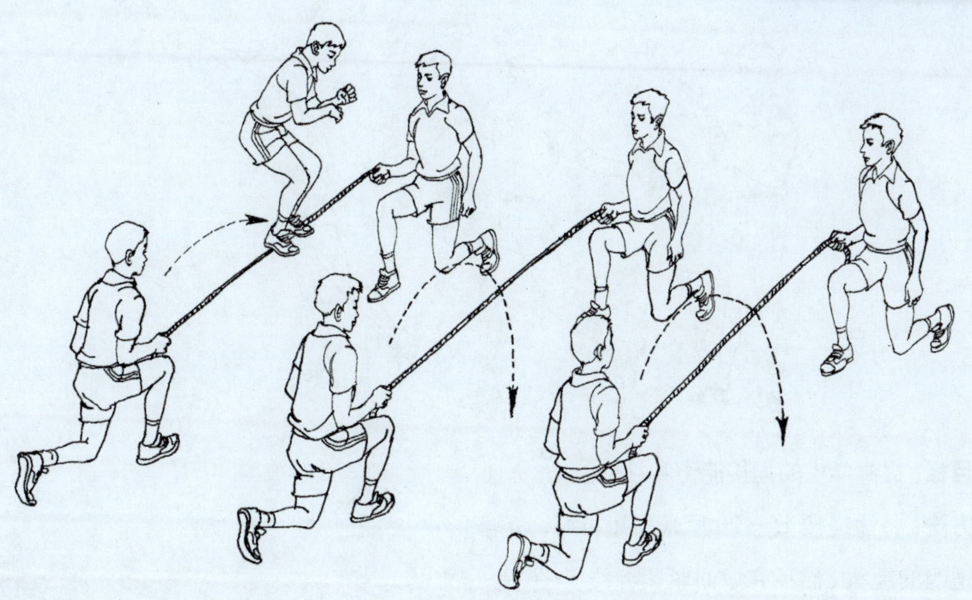

目标：提高学生的下肢力量。

方法：分成两队，两队之间的距离为一条绳长，间隔1米左右，对面两人各扯绳一端，然后单腿跪蹲，用手掌将绳压在前膝盖上方（不可缠在手上，防止绊倒）。另一队学生依次用单脚或双脚连续跳过。

要求：跳跃要连续，尽量不要停。

跳“绳梯”

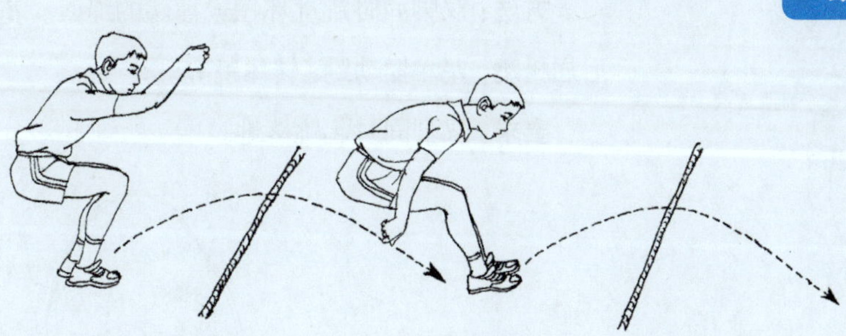

目标：提高学生的下肢力量。

方法：学生成纵队，距离为一臂，看齐后将绳两折横放在脚尖前，使绳成梯状平行线，然后学生到排头位置，依次做跳跃练习。

要求：跳跃要连续，可根据需要调整绳的距离。

抛接绳捆

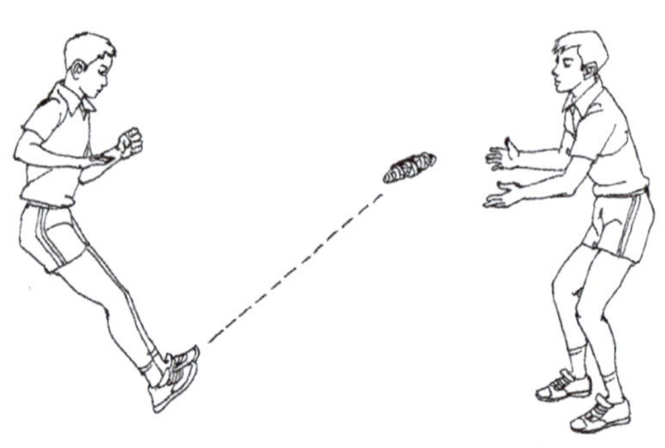

目标：提高学生的抛接能力和投掷能力。

方法：将短绳按 15～20 厘米长短折好，两端留出适当的绳头，然后在中间紧紧缠绕 5～6 道，系紧成绳捆，可做抛接、掷远等游戏。

要求：注意出手角度，全身协调用力。

花式跳绳

★ 双脚跳短绳

目标：发展学生弹跳力，提高下肢力量。

方法：双脚同时跳过环摆或摇荡的绳索。花式包括双脚并跳、后屈腿跳、左右摆动跳、转体跳等。

要求：双脚同时起跳落地。

★ 单脚跳短绳

目标：发展学生弹跳力，提高下肢力量。

方法：单脚跳过环摆或摇荡的绳索。包括单脚前伸（后屈）跳侧举、前屈跳、转体跳等。

要求：单脚跳过绳索。

★ 双脚交替跳短绳

目标：发展学生弹跳力，提高下肢力量。

方法：双脚交替跳过环摆或摇荡的绳索，包括交换脚跳、交换脚前伸后屈跳、交换脚转体跳等。

要求：双脚交替跳过绳索。

★ 双手交叉跳短绳

目标：发展学生弹跳力，提高下肢力量，培养灵活性和协调性。

方法：两臂体前交叉摇绳，双脚并跳或交替跳过环摆或摇荡的绳索，包括原地和行进间的交臂跳、正摇绳和反摇绳的交臂跳等。

要求：双臂交叉摇绳。

★ 跑动跳短绳

目标：发展学生弹跳力，提高下肢力量，培养灵活性和协调性。

方法：在跑动中双脚依次跳过环摆或摇荡的绳索，包括双脚依次向前跑跳、双脚向前并跳、双人跑跳、交臂摇绳跑跳等。

要求：在跑动中跳绳。

花式跳绳

★ 双人跳短绳

目标：发展学生弹跳力，提高下肢力量，培养灵活性、协调性和合作能力。

方法：两人协调同跳一根环摆或摇荡的绳索，包括原地和跑动中双人跳、跑进跑出跳、双人摇绳同时跳等。

要求：两人配合同跳一根绳，动作要协调。

★ 跳双绳

目标：发展学生弹跳力，提高下肢力量，培养灵活性和协调性。

方法：一人持短绳与摇转的长绳同步跳过环摆或摇荡的绳，可用单脚跳也可用双脚跳。

要求：掌握跳过绳索的时机。

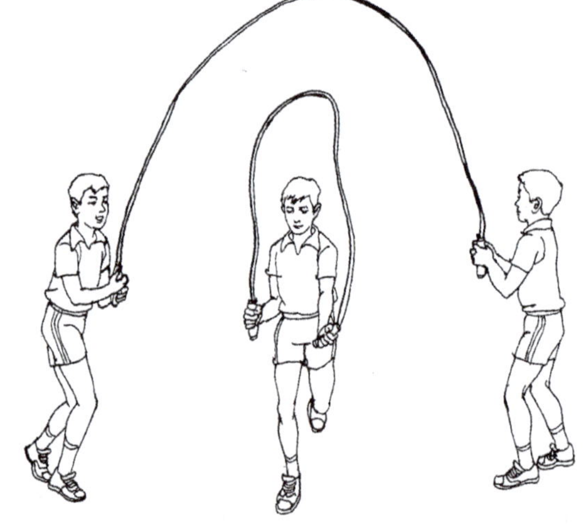

★ 双摇跳短绳

目标：发展学生弹跳力，提高下肢力量，培养灵活性和协调性。

方法：身体向上跳起一次，环摆绳索连续两次通过脚下。

要求：手脚配合好，手摇绳的频率要快。

★ 跑过跳长绳

目标：发展学生跑、跳能力，培养灵活性、协调性和协作精神。

方法：绳索摇转在空中时，由绳索一侧顺势跑进至另一侧，而不跳过绳索，可从正面、侧面方向跑过，包括正面跑、侧身跑、转体跑、拾物跑、抛接球跑、负重跑等。

要求：掌握穿越绳索的时机。

★ "8"字跳长绳

目标：发展学生的弹跳力，提高灵活性。

方法：鱼贯跑进摇转的绳索，跳过绳索后立即跑出，再从另一侧跑进成绕"8"字跳过绳索。可以单人鱼贯跑进，又可以双人鱼贯跑进，包括单脚跳、双脚跳、屈腿跳、分腿跳、转体跳、抛接物跳等。

要求：掌握进绳、出绳的节奏。

花式跳绳

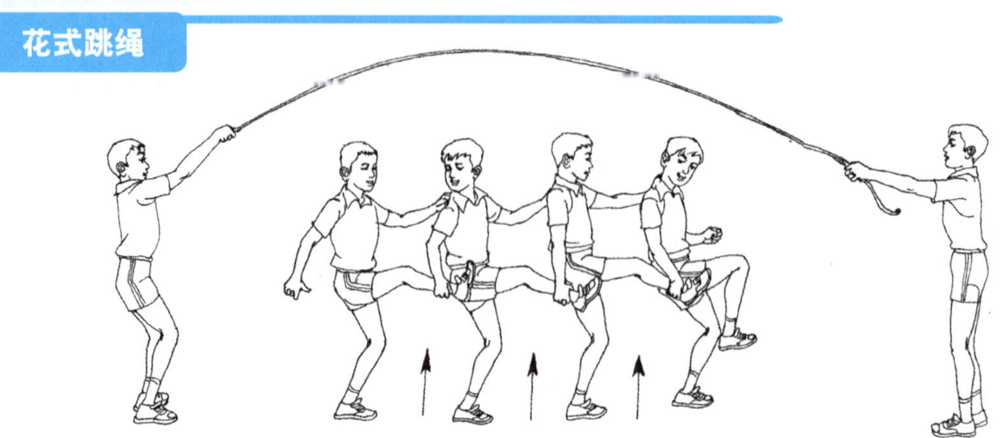

★ 多人跳长绳

目标：提高学生的弹跳力，培养协作精神。

方法：鱼贯跑进摇转的绳索，连续跳过绳索数次后跑出，包括接物跳、击掌跳、镜面相似动作跳、转体跳、技巧性动作表演跳等。

要求：动作节奏要保持一致。

★ 跳双绳

目标：提高学生的弹跳力，增加灵活性。

方法：两人将平行的两根长绳有节奏地交替向内或向外摇转，一人依次跳过两根摇转的绳索，包括单脚跳、双脚跳、交换脚跳、转体跳等。

要求：掌握跳动的节奏。

★ 技巧性跳长绳

目标：提高学生的弹跳力，增加灵活性。

方法：鱼贯跑进摇转的绳索，在跳绳的同时即兴做出各种已学过的运动动作，包括弓步跳、垫球、传球、投篮等动作。

要求：把握跳动节奏与其他动作节奏的配合。

前后打

目标：发展学生身体的灵活性。

方法：双脚开立，与肩同宽，双手握绳从右往左荡绳至左脚斜前方，双手往身体右斜方摇绳，绳子经头顶到达身后，绳子于背后打地同时转动身体，绳子从右往左荡绳，荡至左脚斜后方，双手往身体右斜前方摇绳。另一侧动作方法相同，方向相反。

要求：注意绳子不要打到身体正前方。

胯下跳

目标：发展学生下肢力量，提高身体的灵活性。

方法：双手握住绳子的两端，置于身后，由后向前摇动绳子，当绳子经头顶摇至身前，一只脚抬起，同侧手臂伸至抬起腿膝下，单脚跳过绳。另一侧动作方法相同，方向相反。

要求：抬腿要有一定高度。

俯卧撑跳

目标：发展学生的上肢力量，提高身体的灵活性。

方法：双手握住绳子的两端，置于身后，由后向前摇动绳子，当绳子摇至脚前瞬间，屈膝下蹲，双手掌跟着地；双脚同时向后伸出，前脚掌与手掌同时撑地，成俯卧撑静力姿势；双脚蹬地，双手向后摇动绳子，绳过脚后跟顺势屈膝，手部继续摇动。

要求：注意掌握起跳的时机。

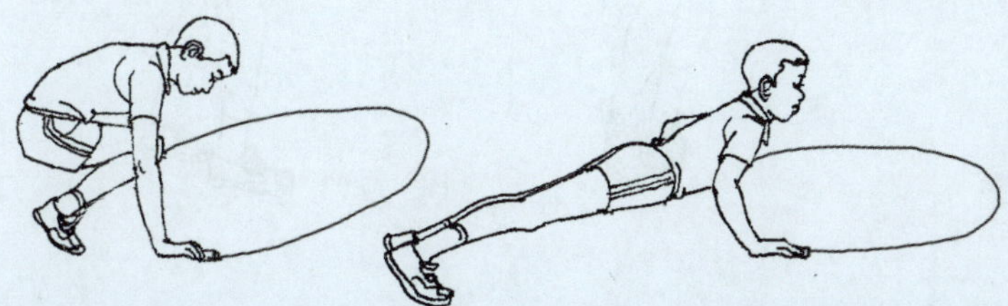

踢腿跳

目标：发展学生的下肢力量，提高身体的灵活性。

方法：两手握住绳子两端，置于身后，由后向前摇动绳子，先做提膝跳，同一条腿紧接着做踢腿动作，然后再换另一条腿交替进行。

要求：绳子摇至身后再做踢腿动作。

轮换跳

目标：发展学生的下肢力量，提高学生的协作能力。

方法：两人并排站立，各握绳子一端摇柄，同时摇动，依次轮流完成跳绳的动作。

要求：两人距离不要太远。

车轮跳

目标：发展学生的下肢力量，提高学生的团结合作能力。

方法：两人并排站立，把相近绳交叉相握，将绳置于身后；一绳先向前摇动，当摇至最高点时另一绳开始向前摇动，两人依次跳跃过绳，两绳始终相隔 180 度，一上一下，一前一后。

要求：注意两绳摇动的节奏。

交互绳速度跳

目标：发展学生的下肢力量和身体的灵活性。

方法：两脚依次交替进行抬起、落地的踏步跳。速度跳时身体重心在两脚之间，保持稳定，一般稍低，两腿直起直落。

要求：不可有后踢或前伸等多余动作。

健身园地

试一试，你一定会有收获。

后仰下腰过短绳

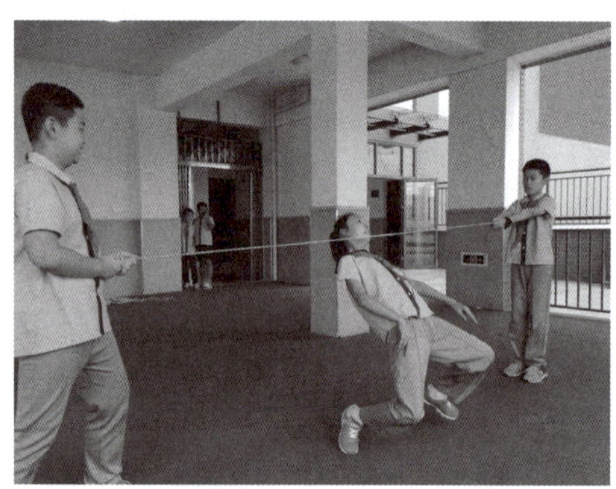

目标： 发展学生身体柔韧性。

方法： 以短绳作为横杆，身体后仰下腰穿过。每次挑战成功，短绳下降一个高度重新挑战。

要求： 身体要后仰下腰。

短绳负重跑

目标： 发展学生下肢力量。

方法： 把短绳一头拴上负重物，一头拴在腰间进行负重跑。

要求： 身体前倾，蹬地有力。

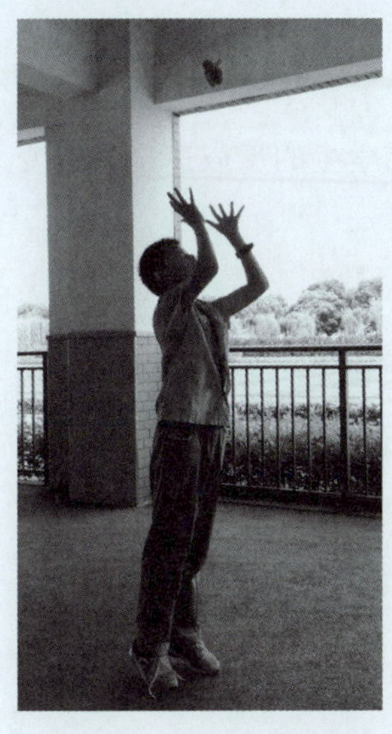

击掌抛接练习

目标：发展学生灵敏素质，提高反应力。

方法：把短绳往头顶方向上抛，根据教师提示，分别在上抛过程中击掌1次、2次、3次……在接住短绳前，必须完成相应的击掌次数。

要求：注意力集中。

穿越封锁线

目标：发展学生四肢协调性。

方法：以短绳设置障碍物，各小队成员依次匍匐前进穿越障碍物。

要求：身体紧贴地面。

踩绳前进

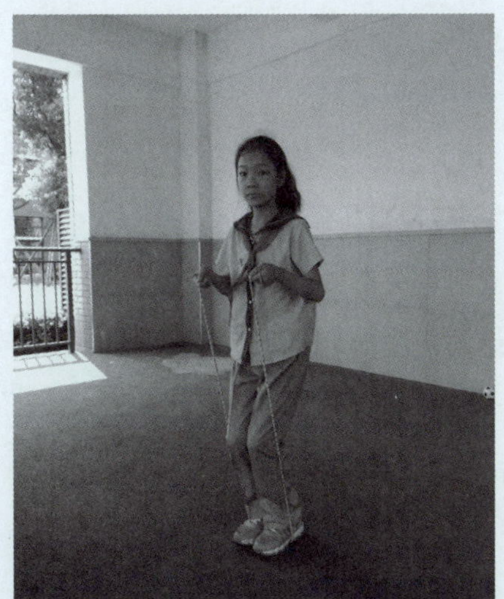

目标：发展学生身体协调性。

方法：双手握绳，双脚踩住绳子向前跳。

要求：四肢协调用力。

踩蛇尾

目标：提高学生的反应速度和应变能力。

方法：两人一组，一人握绳一端向左右两侧抖动，使绳像一条蛇在地上爬动似的，另一人尽快用脚去踩“蛇”的尾巴，教师计时，看在一定时间内能踩住几次。

要求：踩“蛇尾”者脚要离地 15 厘米左右。

揪尾巴

目标：提高学生的灵活性和灵敏性。

方法：两人或多人一组，将绳双折后扎在腰间，绳结转到背后，当作“尾巴”。教师发令后学生尽量互相揪住别人的“尾巴”，并要防止被别人揪住。

要求：只能抓“尾巴”不能抓人的其他部位。

两人三足跑

目标：提高学生的协调性，培养相互合作的能力。

方法：两人一组并排站立将短绳折短，将相邻的两腿捆在一起。教师发令后，两人协调地向前跑动，以跑得快者为胜。做此游戏时，要讲清楚要领，防止摔倒，可先慢速练习几次。

要求：步调要一致，动作要协调。

目标：提高学生的下肢力量和反应能力。

方法：三人一组，按甲、乙、丙分开，甲先跳，丙计数，乙则右手执绳，向左抡起经头上，从左侧向下，往甲的脚下连续抽打，甲需向上跃起躲闪，可做计时跳或计数跳。甲跳完后负责计数，乙跳，丙抽鞭，依次类推。

要求：在规定范围内，躲闪要灵活。

探究园地

★ 许多人都会跳绳，但是要跳出花样、跳出乐趣，还是有一定难度的，你是不是想和同学或家人一起试一试？

想一下绕“8”字跳长绳应该注意些什么？

想一想

跳双飞的原理是什么？你能连续跳几个？

你能和你的伙伴合作跳双绳吗？

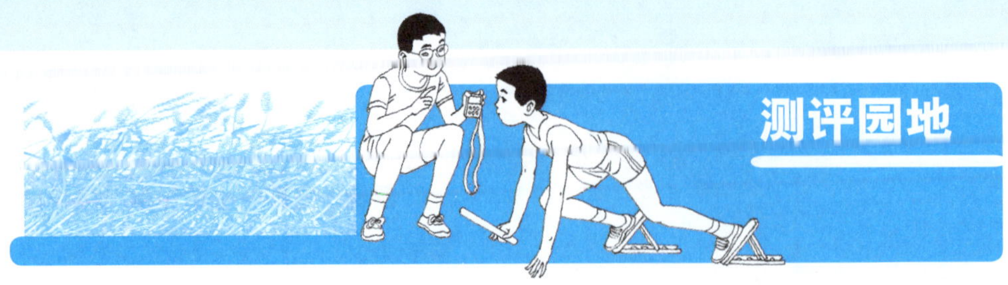

项目 \ 得分	100	90	80	70	60	50	40
1 分钟双脚跳							
双飞跳（连续）							
跳双绳（连续）							
3 分钟跳长绳							

奇妙跳板

木板会跳？看到这个标题，一定会使人感到很惊讶。但是木板的确会跳，不仅会跳，还会变，变成长长的、方方的、立体的、三角的等。在我们的学校里，每年有许多损坏的课桌椅和一些废弃的木板，我们聪明的体育教师利用这些木板的形状制作出了不同的会跳的、会变的运动器材。

奇妙跳板

木板会跳？看到这个标题，一定会使人感到很惊讶。但是木板的确会跳，不仅会跳，还会变，变成长长的、方方的、立体的、三角的等。在我们的学校里，每年有许多损坏的课桌椅和一些废弃的木板，我们聪明的体育教师利用这些木板的形状制作出了不同的会跳的、会变的运动器材，通过这些木板的变化来开展体育教学，丰富教学内容。

运动园地

跳　板

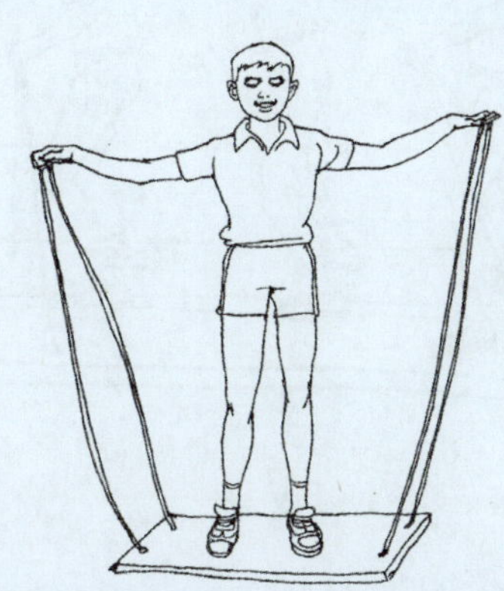

★ 单人跳

目标： 发展学生上、下肢力量和协调能力。

方法： 一位学生站在木板上，两手拉住两侧绳子然后向不同方向跳动。

要求： 手要紧拉住绳子，使木板紧贴脚底。

跳　板

★ 双人跳

目标：发展上、下肢力量和协调能力，培养学生的团结合作精神。

方法：两位学生同时站在一块木板上，各抓住一侧的绳子，两人同时跳起使木板纵向移动。

要求：手要紧拉住绳子，使木板紧贴脚底，两人的起跳要一致。

★ 三人一板跳

目标：培养学生的团结合作精神，发展上、下肢力量和平衡能力。

方法：三位学生同时站在一块木板上，两侧学生各拉住一侧绳子，中间的学生可以拉住同伴，也可以徒手，然后三人一起跳动。

要求：两侧学生要紧拉住两侧的绳子，使木板紧贴脚底，中间的学生要配合好，掌握好起跳的时间，做到三人行动一致，注意保持平衡和安全。以三人为小组，学生自己利用一块木板做跳的其他练习。

★ 三人两板跳

目标：发展学生上、下肢力量和协调能力，培养学生的合作精神。

方法：木板平放，三个学生两脚同时站在两块木板上，前面学生抓住木板前端的两根绳子，后面的学生抓住木板后端的两根绳子，中间的学生两手搭在前面同伴的肩上，然后三人同时向前跳，可以分小组比赛。

要求：三人行动一致，注意协调性和安全。学生根据以上的几种方法，自己利用木板做一些练习，可以是一人一板，两人一板，两人两板等。

跳　板

★ 障碍跳

目标： 发展学生的下肢力量，提高跳跃能力，培养学生勇于克服困难的精神。

方法： 把木板竖起来，间隔一定的距离，让学生连续跳过。

要求： 木板要放在平地上，根据学生跳跃能力安排木板间的距离。学生也可以用这些木板做一些不同的跳跃练习。

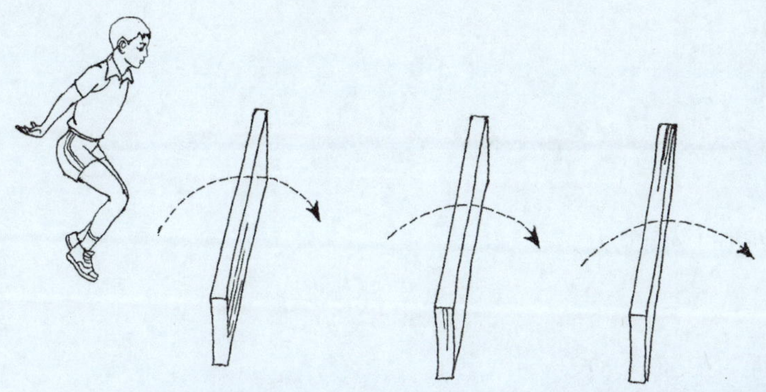

双人走

目标： 发展学生上、下肢力量和协调能力，培养学生克服困难的精神。

方法： 木板平放，两学生两脚同时站在两块木板上，抓住木板前后端的两根绳子向前走。

要求： 两人行动一致，协调配合。

跨过小木板

目标： 发展学生下肢力量，提高学生跨越的能力。

方法： 若干小木板在场地上一字排开，两块木板间空开一定距离，学生快速跨过所有木板。

要求： 摆动腿积极前摆，身体协调用力。

木板靠墙手倒立

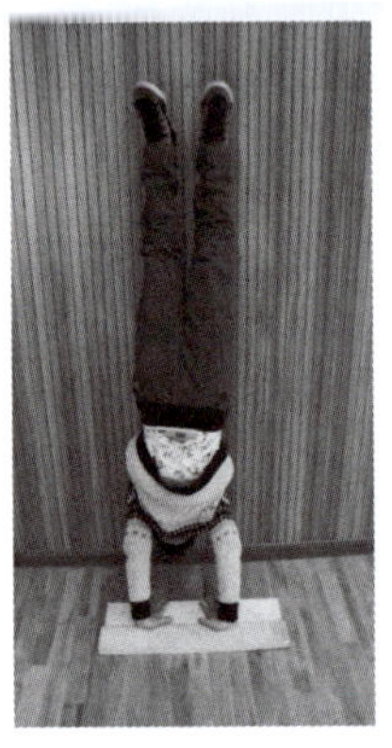

目标：发展学生上肢力量，提高支撑能力。

方法：学生双手撑在木板上靠墙手倒立。

要求：直臂顶肩。

晃　板

目标：发展学生的平衡能力。

★ 单人前、后、左、右晃动

方法：一人双脚踏在晃板两端直立，站稳后开始作前、后、左、右晃动。注意安全。

要求：控制平衡，初练者可由同伴协助。

★ 负重晃动

方法：在单人前、后、左、右晃动的基础上增加难度，背上同伴一起来晃动，力求保持平衡。注意安全。

要求：控制平衡，初练者可由同伴协助。

★ 高层晃动

方法：一人站在多块板叠起的晃板上作前、后、左、右晃动。注意安全。

要求：控制平衡，初练者可由同伴协助。

晃　板

★ 俯撑晃动

方法：两人合作，一人俯撑，双手撑在晃板两端，另一人站在另一块晃板上双手抓住同伴的脚踝，两人同时作前、后、左、右晃动。注意安全。

要求：控制平衡，初练者可由同伴协助。

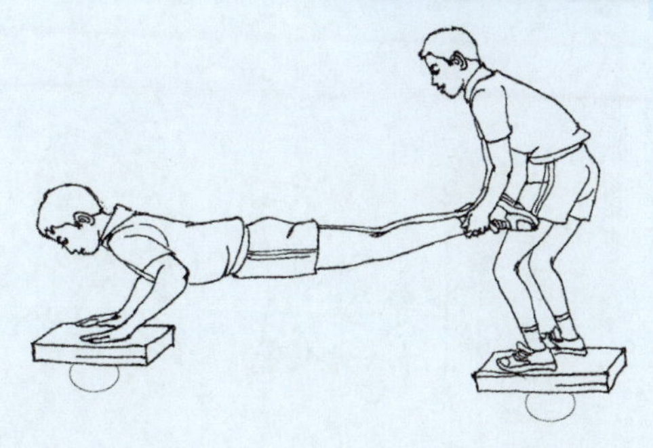

★ 各种集体造型晃动

方法：在单人前、后、左、右晃动的基础上增加活动人数，大家合作完成各种造型的练习。

要求：控制平衡，初练者可由同伴协助。

连环板

★ 三角跳

目标：发展学生下肢力量，提高跳跃能力。

方法：把连环板放置成三角形形状，学生双脚（单脚）依次沿着三条边跳进跳出。

要求：练习次数应因人而异，跳跃要连续。

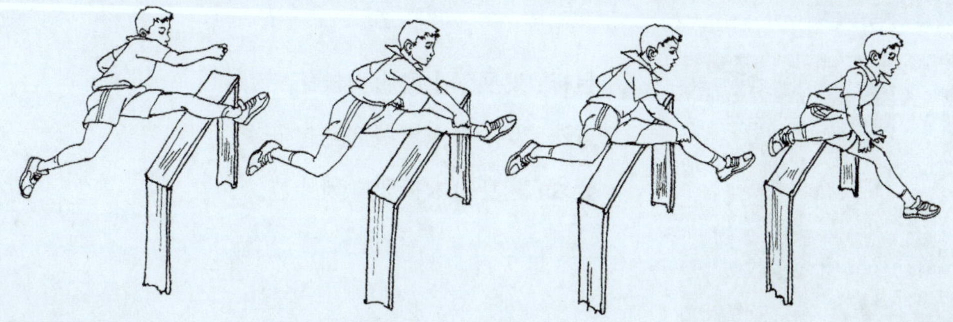

★ 跨“栏”跑

目标：发展学生下肢力量，提高蹬跳能力。

方法：把连环板放置成栏的形状，学生单脚起跳，连续跨过栏。

要求：蹬地有力，起跨腿尽量前伸跨过栏。

连环板

★ 象步钻洞

目标：发展学生柔韧素质。

方法：学生象步走至“山洞”前屈身下蹲，钻过“山洞”后继续象步走至第二个“山洞”，依次钻过所有的“山洞”为完成一组练习。

要求：钻洞时手要抓住踝关节，且身体任何部位不能碰“洞壁”。

★ 多人推小车

目标：锻炼学生的手臂力量和身体的协调能力。

方法：把连环板放成两条直线（与肩同宽），学生 3～4 人一组做俯卧撑（两手分别撑在两块板上，两脚搭在后一人的肩上），后面的人依次照旧，最后一人双手抓住前一人的双脚于体侧，根据力量大小每组可增加“小车”的数量。大家听口令，向前移动左右手。

要求：作为“小车”的学生腰腹要保持紧张，在移动左右手时，要听口令，动作保持一致，注意安全。

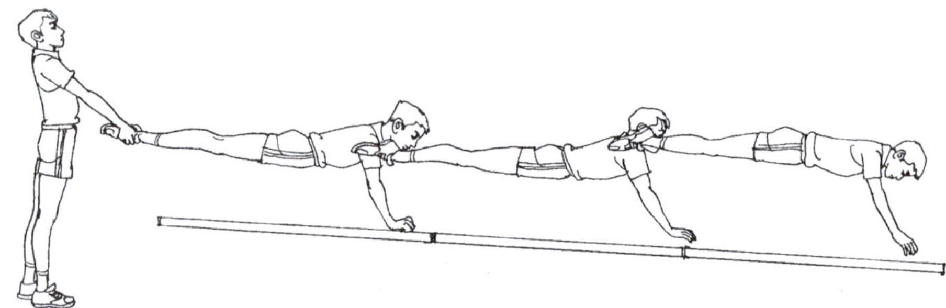

木板仰卧起坐

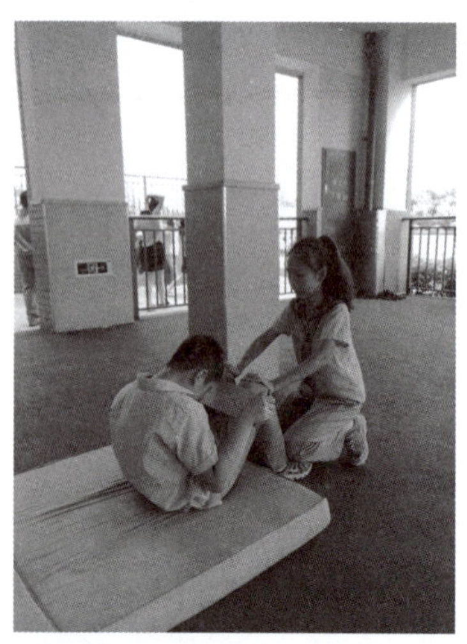

目标：发展学生腰腹力量。

方法：双手握木板做仰卧起坐。

要求：起身时木板要碰到膝盖。

仰卧抬腿练习

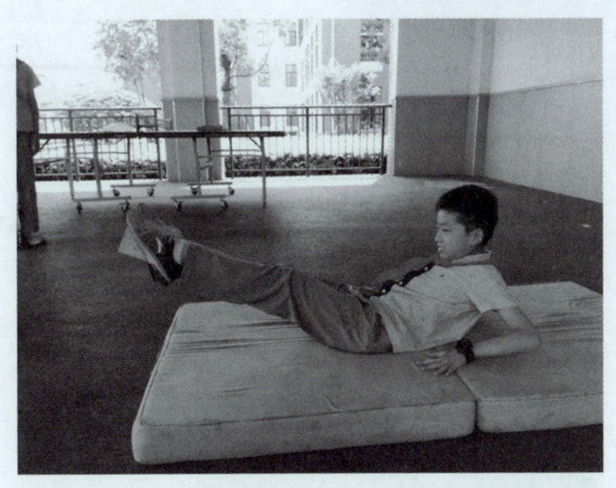

目标：发展学生腰腹力量。

方法：学生呈仰卧，两手后撑，两腿并拢夹住木板抬高。

要求：两腿夹紧，腰腹用力。

侧卧抬腿练习

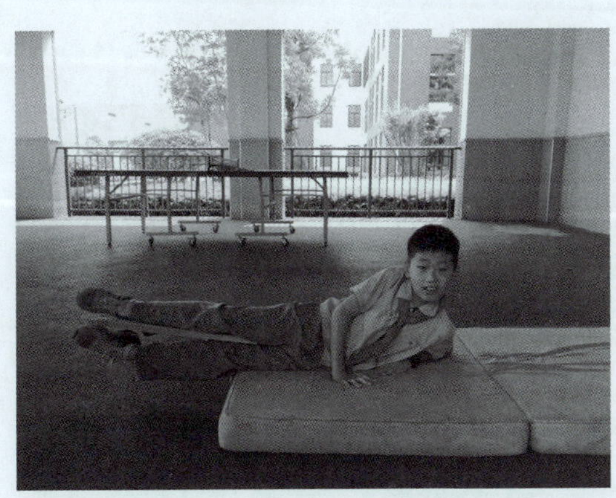

目标：发展学生腰腹力量。

方法：学生呈侧卧，两手侧撑，两腿并拢夹住木板抬高。

要求：两腿夹紧，腰腹用力。

往返跳

目标：发展学生跳跃能力。

方法：三人一组，两人拉紧木板两端绳子，把木板放置在一定高度，另外一名学生利用木板做往返跳。随着木板高度的增加，难度相应增加。

要求：蹬地、摆臂有力。

两人单板跳

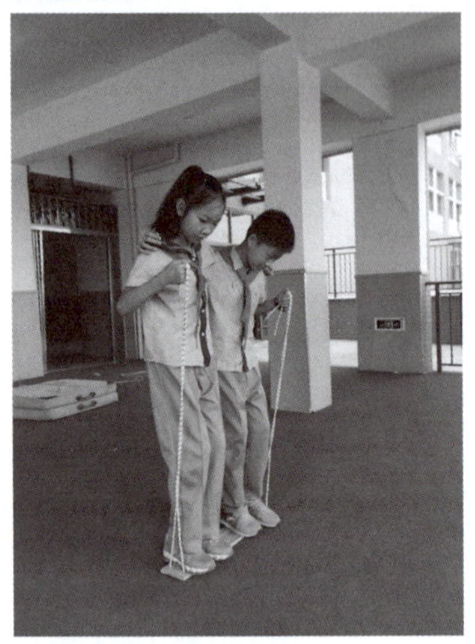

目标： 发展学生上、下肢力量，培养团结合作精神。

方法： 两人同时站在一块木板上，各自握住木板一端的绳子，团结协作横向往前跳。

要求： 协调用力、配合默契。

蚂蚁搬家

目标： 发展学生奔跑能力。

方法： 以个人为单位，在距起点对面 30 米处放两块木板。学生从起点出发，跑到对面木板处快速拿起第一块木板往回跑，把木板放在起点，再次折返把第二块木板拿回到起点，看谁用时最少。

要求： 动作协调，木板要轻放，不能扔。

接力跑

目标： 发展学生奔跑能力。

方法： 把木板放在终点线一端，学生到终点拿好木板跑回起点给下个同学接力。

要求： 摆动腿积极摆动。

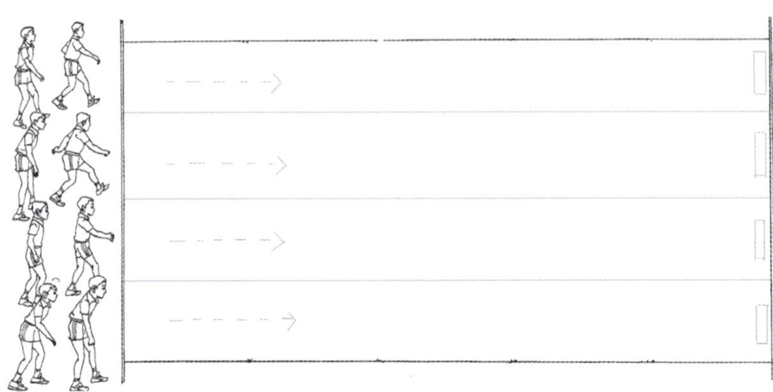

木板卧撑

目标： 发展学生的腰腹力量，培养学生顽强意志品质。

方法： 手脚撑在叠起的木板上做俯卧撑。

要求： 身体不能碰地，不能塌腰。

木板深蹲起立

目标： 发展学生下肢力量。

方法： 双手端平，木板放置在双手上面做深蹲起立。

要求： 蹲起充分，手臂伸直。

快速推木板

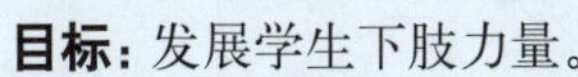

目标： 发展学生下肢力量。

方法： 双手撑在木板上，双腿用力蹬地把木板往前推。

要求： 蹬推有力，控制身体重心。

支撑移动

目标：发展学生上、下肢协调能力。

方法：四肢支撑在木板上协调用力向前移动。

要求：身体协调用力。

夹板跳

目标：发展下肢力量，锻炼学生的灵敏性。

方法：两人两手拉住木板两端的绳子，然后同时做分合的动作，其余的人根据木板的长度（决定板中的人数），分合腿跳。

要求：反应要快，密切注意板的分合。可以根据能力和兴趣增加板的数量，加快分合的速度。

荡秋千

目标：发展学生的上肢力量。

方法：三人一组，两人拉住木板两端的绳子左右摇动，一人坐在木板上手抓住绳子随着木板摇动。

要求：摇板的人不能放绳子，三人节奏要一致。

晃板跳

目标：发展学生的下肢力量，培养灵活性。

方法：两人拉住木板两端的绳子左右摇晃，另一人或多人顺着做左右来回跳动。

要求：脚不能碰到木板，掌握好起跳时机。

健身园地

搬运工

目标：发展学生上肢力量，培养学生的团结协作能力。

方法：两人各握住木板两端的绳子，把坐在木板上的第三人运送到目的地。

要求：尽量让木板保持平衡。

简易木板跳远

目标：发展学生跳远能力。

方法：把木板作为起跳板，助跑一定距离后踏板起跳。

要求：踏板、起跳协调用力，落地屈膝缓冲。

木板持球比速度

目标：发展学生平衡能力。

方法：双手平端放置小球的木板前行，看谁又快又稳。

要求：双手不能接触小球。

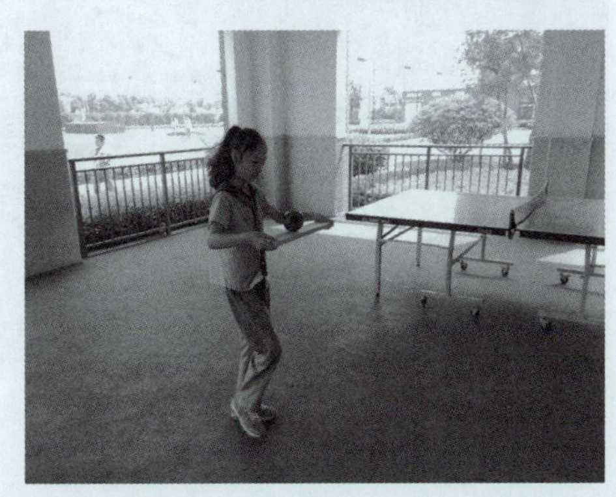

木板滚球

目标：发展学生灵敏素质。

方法：用木板击打、控制小球在跑道上快速前行。

要求：尽量使小球走直线。

前行的木板

目标：发展学生协作能力。

方法：两人利用两块木板前行至终点。

要求：脚不能碰到地面。

穿越火线

目标：发展学生四肢协调能力。

方法：利用多块木板做成障碍物，学生匍匐前进穿越障碍物。

要求：身体紧贴地面，不要碰到障碍物。

跷跷板

目标： 提高学生的弹跳力和平衡能力。

方法： 把一块或两块木板放在地上，另一块木板在上呈“十”字型安放，由两人分别站在木板两侧进行跷跷板练习。

要求： 旁边要有人保护帮助。可以根据不同组别自创不同难度、不同形式的跷板方式。

过河

目标： 发展学生的平衡能力。

方法： 把连环板平铺在地上，放置成不同的图形路线，练习者顺着路线在“桥”上快速行走，下了板算掉进了“河中”，须重新再来。计时看谁过“桥”时间快。

要求： 在跑动中控制平衡。

走过独木桥

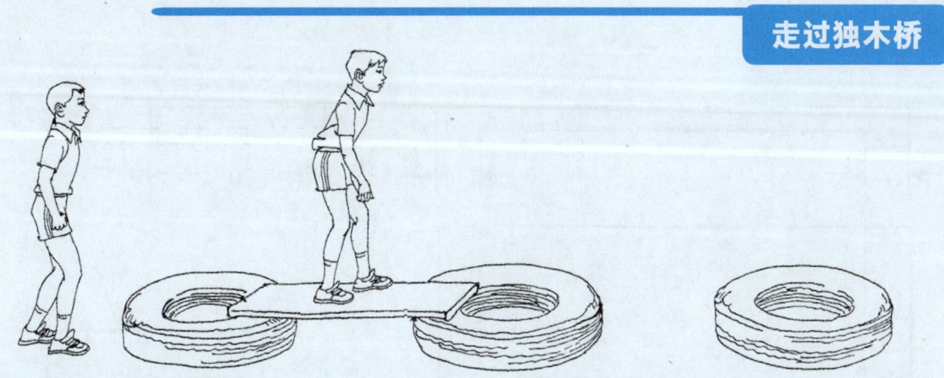

目标： 培养学生的合作精神。

方法： 把若干个车胎根据木板的长度间隔放置，在第一、第二个车胎间架一木板作为“桥”，四人一组从第一个车胎过桥到第二个车胎，然后把木板架在第二与第三个车胎间依次过“河”。可分组进行比赛。

要求： 整个过程中人不能下车胎或木板。

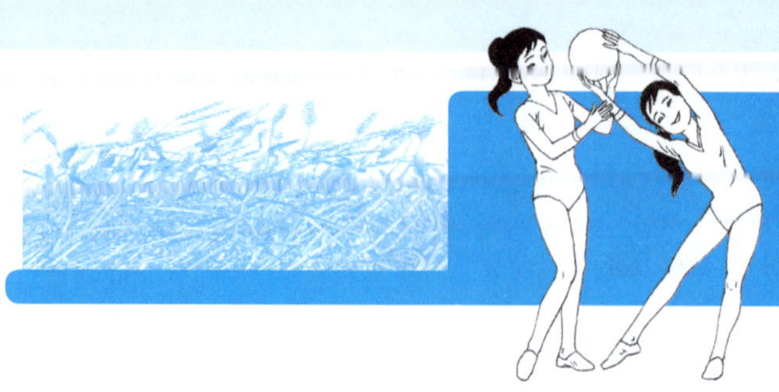

探究园地

制作方法

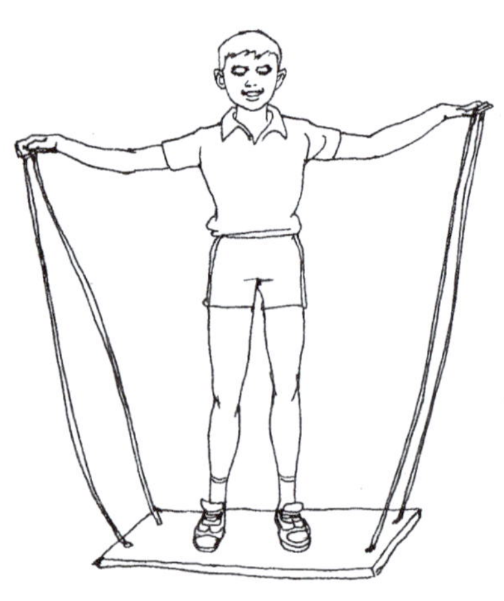

★ 跳板

利用废弃的课桌椅或其他可用的木板，按需要切割成大小不同的长方形木板（木板要有一定的厚度），然后在四个角上打上四个铆钉，串上绳子即可（绳长可根据人的高矮调节）。

★ 晃板

根据学生平均肩宽为 40 厘米左右，脚长 20 厘米左右的身体形态，将一块长 50 厘米、宽 20 厘米、厚 2 厘米的小木板（如图 1）和一个高 20 厘米，直径 6 厘米的小圆木柱（如图 2）制作成一套晃板。

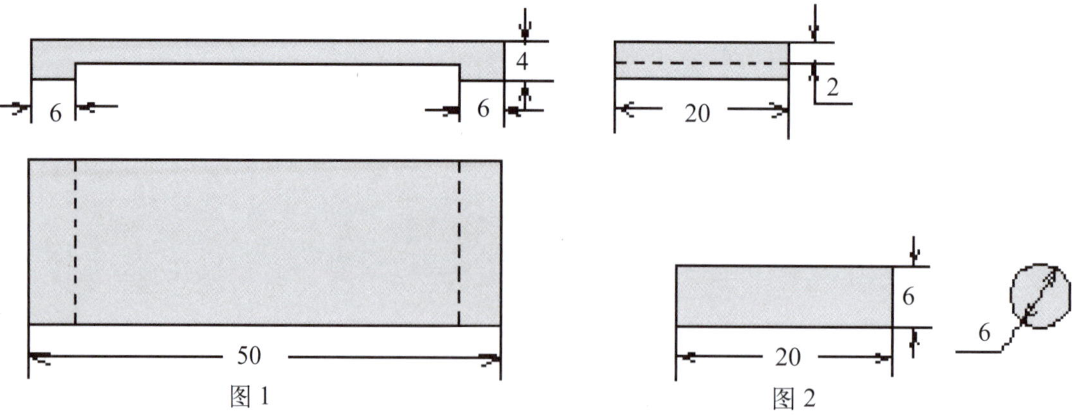

图 1　　图 2

你能根据连环板多变的特点创设一些有多人参加的、有锻炼价值的、有趣的练习方法吗？

分数 方法	一种 （2 分）	二种 （4 分）	三种 （6 分）	四种 （10 分）
掌握练习方法				
自创练习方法				
合作练习方法				
合计				

★ 你掌握木板的练习方法了吗?

动作名称	一人	多人	合作成功率
跳板			
晃板			
连环板			

★ 自测一下你能得几分?

分数 方法	一种 (2分)	二种 (4分)	三种 (6分)	四种 (10分)
掌握练习方法				
自创练习方法				

瓶瓶乐乐

创建绿色家园是我们每个人应尽的义务，尤其在我们的教育领域中应渗透环境教育。把丢弃的饮料瓶收集起来，做成形状各异、色彩绚丽的健身器材，既倡导了爱护环境，又丰富了体育活动器材。

瓶瓶乐乐

创建绿色家园是我们每个人应尽的义务，尤其在我们的教育领域中应渗透环境教育。在学校中，一部分学生保护环境的意识还非常淡薄，经常会把喝完的饮料瓶随手扔了。这样既破坏了环境，又浪费了资源。这些瓶形状各异、色彩绚丽，有心的学生或教师会把塑料瓶收集起来，运用到运动健身中。这些器械简单、有趣、又多变，还可自设重量。

运动园地

（塑料瓶里装沙子或小石块充当哑铃）

“哑铃”

★ 反握腕屈伸

目标：发展学生的上肢力量。

方法：半蹲或正坐在凳子上，两手反握“哑铃”。前臂贴近大腿的平面，使腕关节下垂于膝关节前，然后做腕关节屈伸运动。

要求：动作到位。

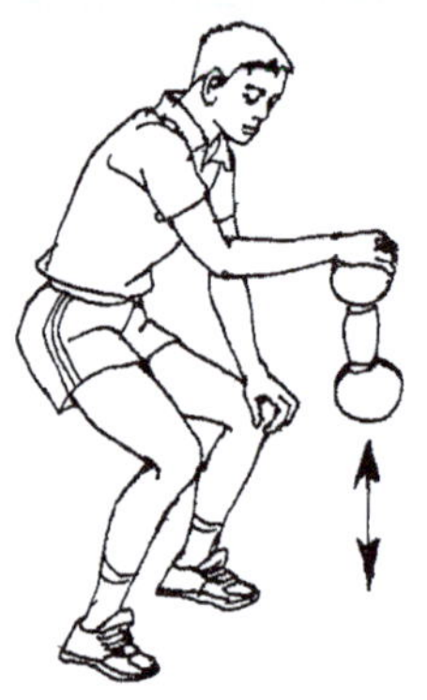

★ 抓提重物

目标：发展学生的上肢力量。

方法：两腿开立，俯身用手抓提住“哑铃”的一头，用前臂肌群的收缩力量屈臂向上提起，稍停后缓慢放下再练习。

要求：提起“哑铃”后停顿 1~2 秒，屈伸角度上下约 60 度。

★ 换弯举

目标：发展学生的上肢力量。

方法：两臂自然下垂两手反握“哑铃”，两前臂依次上屈举至胸前，上臂紧贴体侧，重复练习。

要求：控制手臂屈伸速度（屈时快，伸臂时慢）。

★ 两臂轮换上推

目标：发展学生的上肢力量。

方法：站立或正坐，两手持“哑铃”肩上屈伸，沿两肩垂直向上举，然后还原，重复练习。

要求：上推时手臂伸直且贴近耳边。

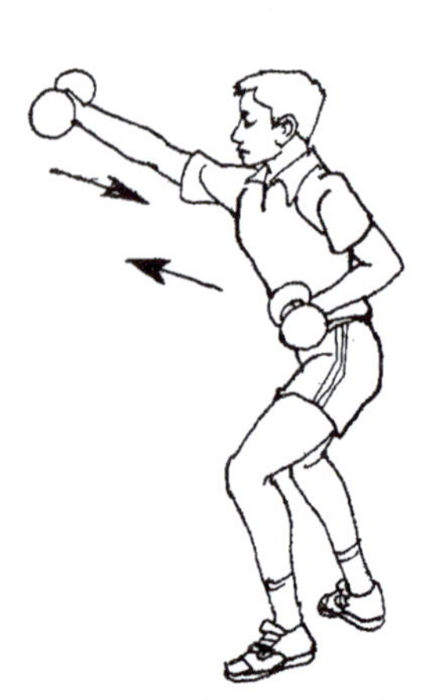

★ 半马步前冲拳

目标：发展学生的上肢力量。

方法：两腿开立半蹲呈半马步姿势，两手持“哑铃”，体侧屈臂，两臂胸前交替冲拳，伸直后收回还原。

要求：上体保持正直，冲拳时手臂保持水平。

★ 颈后臂屈伸

目标：发展学生的上肢力量。

方法：站立或正坐，上体正直，双手或单手持铃于颈后，上臂靠近耳部，肘关节朝上，臂在头后向上做屈伸动作。

要求：控制屈伸速度。

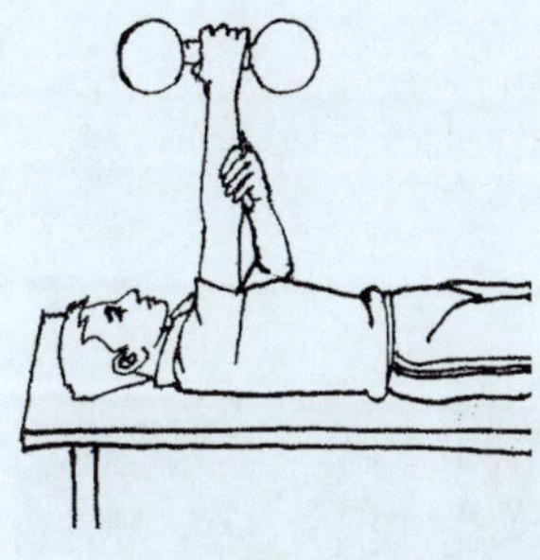

★ 仰卧臂屈伸

目标：发展学生的上肢力量。

方法：仰卧，右手持铃，臂伸直与地面垂直，左手顶在练习臂的肘关节处，帮助固定上臂，防止其前后移动。

要求：持“哑铃”臂屈肘时慢慢落下。

★ 直臂前上举

目标：发展学生的上肢力量。

方法：直立，两臂自然下垂持铃，直臂前举静止数秒后，慢慢落下，再上举，重复练习。

要求：手臂伸直。

★ 直臂侧举并上举

目标：发展学生的上肢力量。

方法：直立，两臂自然下垂持铃，做直臂侧举稍停，再上举，然后慢慢落下，重复练习。

要求：手臂不能弯曲，两臂同时上，同时下。

★ 前臂绕环

目标：发展学生的上肢力量。

方法：直立，两手持铃，一臂胸前屈，一臂体前下垂，屈肘的一臂以肘为轴向内绕环一周，然后换另一臂做。

要求：绕臂时身体保持正直。

“哑铃”

★ 直臂绕环

目标：发展学生的上肢力量。

方法：两脚左右开立，两手持“哑铃”于体侧，两臂分别侧举并上举，向下做直臂绕环。

要求：手臂伸直。

投掷 1

目标：掌握简单的肩上投掷的方法，提高学生投准的能力。

方法：将一个装有石块或沙的塑料瓶放在平整的地上作为目标，在一定距离的地方手持一个空塑料瓶，两脚前后站立，面向装有石块或沙的塑料瓶目标，快速挥臂将空瓶投向目标物并击倒目标物。

要求：手高于头，肘高于肩。

投掷 2

目标：发展学生的身体协调能力，增强上肢力量。

方法：两脚左右开立，两腿弯曲，上体略前倾。双手握住装有石块或沙的塑料瓶瓶盖或瓶身上半部分放于体前，两脚用力蹬地展髋，双手快速直臂前摆，将塑料瓶向前上方抛出。

要求：快速挥臂，双脚用力蹬地。

投掷 3

目标： 发展学生的身体协调能力，增强上肢力量。

方法： 两脚左右开立，背向投掷方向，两腿弯曲下蹲，上体略靠前。双手握住装有石块或沙的塑料瓶的瓶盖或瓶身上半部分放于体前，由下向上按圆周摆动，两脚用力蹬地展髋，双手快速直臂由前向上后摆，将塑料瓶向后方抛出。

要求： 两脚用力蹬地。

投掷 4

目标： 发展学生的身体协调能力，提高投掷能力。

方法： 将一根细绳系在装有石块或沙的塑料瓶的瓶口，双手抓住细绳的另一头，以旋转前进的动作，使塑料瓶逐渐加速，最后将塑料瓶投向远方。

要求： 旋转及出手时脚站稳。

投掷 5

目标：发展学生投准能力，提高上肢力量。

方法：将空塑料瓶系挂在跳高架上，在一定距离处画根线。学生在线外对准目标进行投掷练习，此方法可以练习单手肩上投掷，亦可练习双手前抛海绵球等。

要求：要有一定的出手速度。

奔跑 1

目标：发展学生快速奔跑的能力。

方法：将若干塑料瓶不规则地放在指定的区域内。学生根据教师的要求按照最短或者最长的线路进行障碍跑。线路由学生自主选择，此练习亦可作为游戏进行。

要求：根据区域大小设置合理人数，避免碰撞。

奔跑 2

目标：发展学生奔跑和跨越能力。

方法：将若干装有少量沙石的塑料瓶两两横向排放，两个瓶口之间用套棒扣住，形成矮栏。学生根据教师的要求进行奔跑跨越的练习，此项目可进行单向的速度练习，亦可进行往返跑的练习。

要求：瓶架子与瓶架子之间保持一定的缓冲距离。

奔跑 3

目标：发展学生快速奔跑的能力。

方法：将学生分成均等的 2~8 组，同时将跑道分为均等的 2~4 段，每段站相同组的学生进行快速跑接力。练习开始时，初始人员每人一手持空塑料瓶作为接力棒，以最快的速度冲向下一段学生并交接空塑料瓶，由下一学生继续向下传递交接直至完成练习。

要求：大腿快速前摆。

跳跃 1

目标：发展学生的跳跃能力。

方法：将两个装有少量沙石的塑料瓶横向排放，两个瓶口之间用套棒扣住，形成矮栏。或用多个瓶紧挨着一起排放，形成障碍物。在距离障碍物一定距离处画根横线，可用于立定跳远或其他形式的跳远练习。此项目亦可进行接力游戏。

要求：根据学生能力和教学要求控制横线与障碍物的距离。

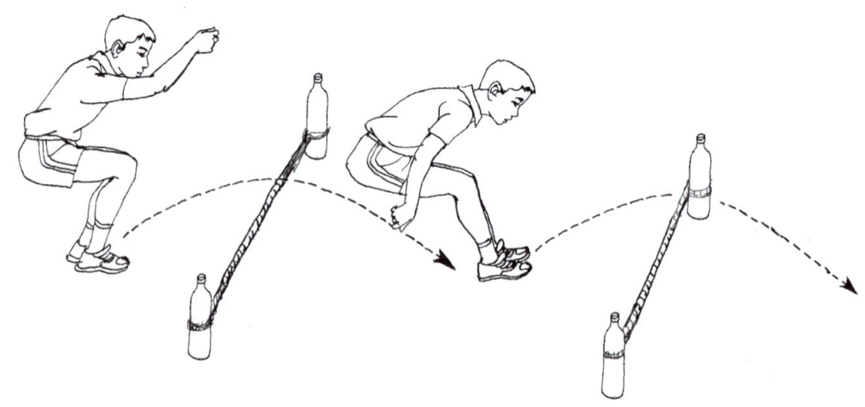

跳跃 2

目标：发展学生的跳跃能力。

方法：将空塑料瓶系在“T”字的架子上，固定在某个地方。每个空塑料瓶可系在不同的高度给学生进行摸高练习。学生可进行原地起跳摸高练习和助跑起跳摸高练习，起跳后用手拍打塑料瓶。

要求：起跳时向上伸展，伸手触摸。

目标：发展学生的跳跃能力。

方法：学生分成三人一组，两人单膝跪地蹲于平坦的地上，两人手持空塑料瓶水平放置在小腿、膝盖、胸口及头顶等不同高度。另一人在可调节高度上练习原地双脚跳跃、助跑起跳等跳跃练习。一人完成后可交换进行练习。

要求：起跳充分，持瓶者保持稳定。

★ 保龄球

目标：发展学生的手眼配合能力，提高手臂力量。

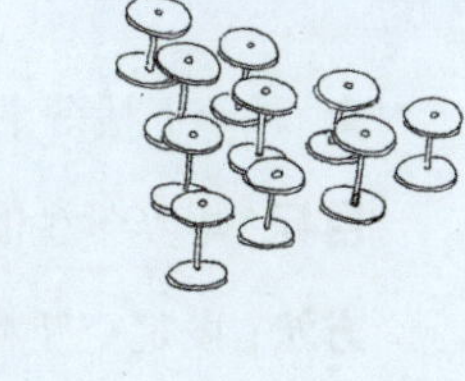

方法：利用十个“哑铃”以每排 1 个、2 个、3 个、4 个的形式，排成三角形放置于地上。在离“哑铃”约五六米处画根线，一学生手持实心球以保龄球的手法向前对准“哑铃”推滚，球倒一个积 1 分，倒两个积 2 分，依次类推。满贯加 10 分，积分多者为胜。

要求：投球时不能踩线，要单手投球。

★ 障碍接力

目标：发展学生的腿部力量。

方法：学生将 3～6 个塑料瓶放在指定位置，学生跳过或跨过塑料瓶，进行分组障碍接力。

要求：不能碰倒瓶子。

★ 投、抛、接

目标：发展学生的手臂力量。

方法：学生在空塑料瓶内装上不同重量的沙土，进行投掷竞赛和游戏。学生将空塑料瓶尽量向上抛起，双手击掌一次或若干次后接住空塑料瓶，看谁抛得高，接得准，击掌次数多。或是学生面对面站立，两人对抛塑料瓶，并接住对方的塑料瓶，看哪两人配合最好。

要求：注意出手角度，协调用力。

★ 种萝卜拔萝卜

目标：培养学生的集体荣誉感，同时发展学生的速度素质。

方法：设定空塑料瓶为“萝卜”，学生手持“萝卜”跑向指定地点（或区域内），将“萝卜”种好，然后返回，下一位学生依次进行。种完后学生用“兔跳”跳到指定地点，拔起“萝卜”，夹在两膝之间，跳回起点，下一位学生依次进行。

要求：“兔跳”动作要连贯、协调。

星际大战

目标：提高学生的投掷能力，培养团队凝聚力。

方法：将学生分成人数相同的两组，以场地的中线为界，双方学生各持数量相等的各种空塑料瓶，相对站立。游戏开始，双方尽力将空塑料瓶投入对方场地，在规定时间结束时，哪方场地中空塑料瓶多者为负。

要求：不得对准人员投掷，不得越界投掷。

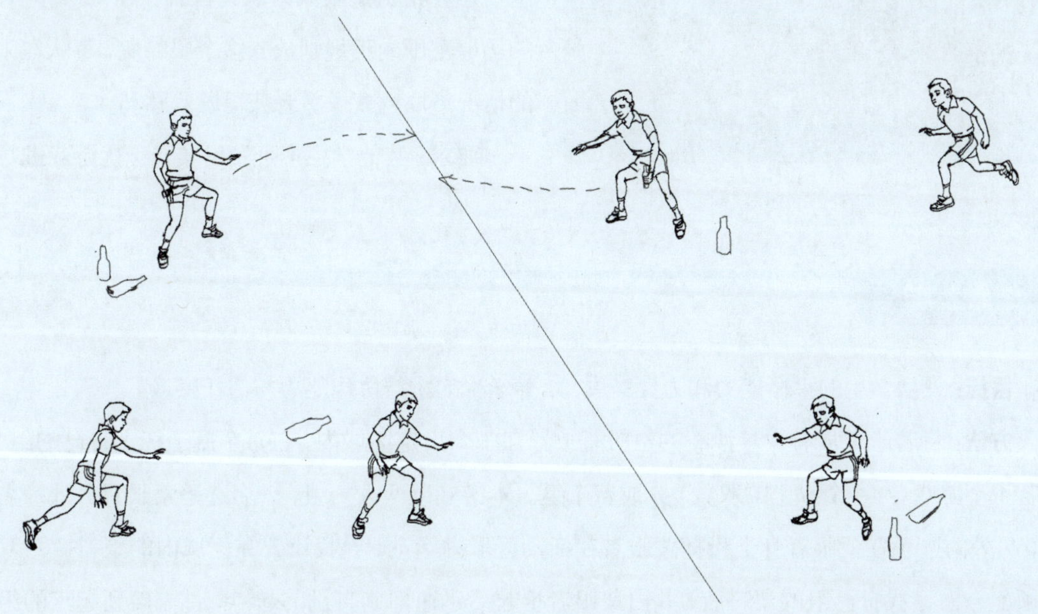

搬运工

目标：发展学生的奔跑能力和协调能力，培养勤劳刻苦的精神品质。

方法：将学生分成若干组，每组的第一个学生手持空瓶，除去瓶盖，快速跑到沙堆处，将空瓶装满沙后返回到原地，把沙装回小车，并将空瓶交给下一个学生然后继续进行往返的游戏。游戏结束后，小车装有沙最多的组别获胜。

要求：不得越界交接空瓶。

听声取物

目标：发展学生的平衡能力，培养同伴间的合作与信任。

方法：两人一组分成若干组，每组将一人眼睛用布蒙住，确保蒙眼人看不见的情况下，另一名学生用声音指引蒙眼人去取塑料瓶。在15米 ×10米的场地范围内不规则放置多个塑料瓶，每队在限定的情况下取得瓶子多者获得游戏胜利。

要求：其他学生不可发出噪音干扰游戏进行。

你眼我脚

目标：发展学生的平衡能力和力量素质，培养学生的团结协作能力与信任感。

方法：将若干个放有少量沙石的塑料瓶放置在一个设定区域内，在每个瓶上标上自己的组号。由若干个游戏者（4个以上的双数）分成若干组。本游戏以两人一组，一名选手蒙眼背另外一名选手，另外的选手在蒙眼者身上指挥蒙眼者在活动区域内活动，寻找设置在区域内的塑料瓶。双方必须配合去寻找自己组的塑料瓶，并由蒙眼者拾起后迅速回到自己的起点，首先回到起点的组别获胜。

要求：双方配合默契，指挥得当。

水接力

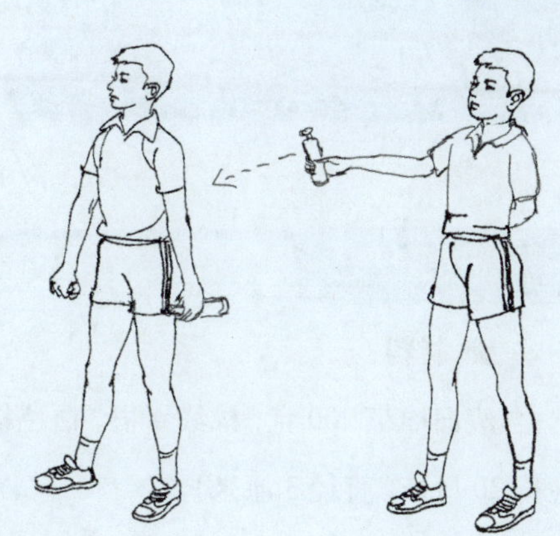

目标：发展学生的团队协作能力，培养学生珍惜资源的优良品质。

方法：学生站成一排，每人手持空瓶站在固定位置不能移动。可分成若干组，由第一个开始游戏的学生将一瓶装满水的瓶子中的水倒入第二个学生的空瓶内，直至倒完。第二人用相同的方法继续将水传递下去，直至传递到最后一人的空瓶中，最后检查空瓶，倒得又快最后水又多的小组为游戏胜利。

要求：游戏过程中尽量不要洒水，尽可能将水都传递回去。

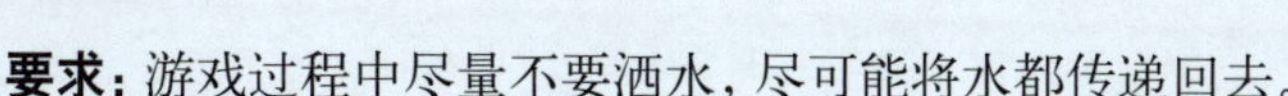

小鸡快递员

目标：培养学生团结合作能力。

方法：设定空塑料瓶为“快递包裹”，两位学生双手始终叉腰模仿小鸡，在运送快递的途中两人设法夹住“快递包裹”，以最快的方式传递到指定地点。游戏可设定两个团队，互相运送“快递”，最后哪一阵营的“快递”多哪一方获胜。

要求：双手始终叉腰，不可用手拿空瓶。

钓　鱼

目标：发展学生瞄准能力，同时发展学生的手臂力量。

方法：将空塑料瓶（鱼）统一立放在规定圆圈（池塘）内，学生手持“钓鱼竿”（杆下用细线吊一木棍，木棍长度比空塑料瓶口的直径稍长），在规定时间内钓起的“鱼”多为胜。

要求：人和瓶要保持一定距离。

探究园地

哑铃制作

★ 材料：

废旧棉花 200 克，棉线 4 根，白色棉纱手套 1 只，塑料饮料瓶 2 个，2 厘米螺钉 4 个，木棒 1 根（长 20 厘米，直径 3 厘米）。

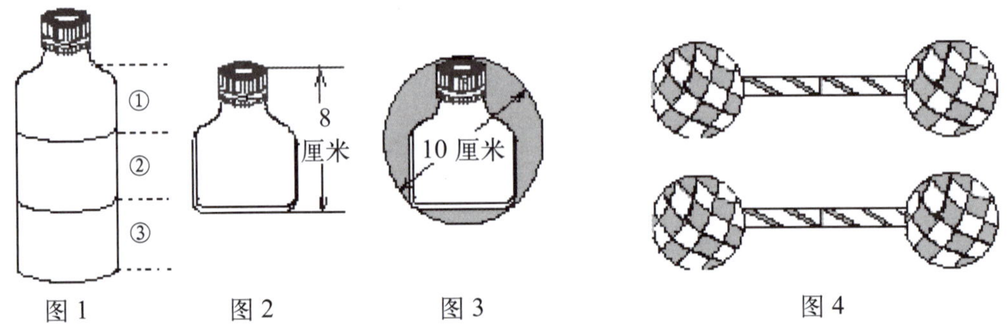

图 1　　图 2　　图 3　　图 4

★ 制作方法：

先将塑料瓶分成三等分（如图 1），用刀片把中间部分割去，将 1 和 3 拼接（如图 2），作为球体核心部分。随后将 100 克棉花把新组成的瓶全部包好（瓶口留出），使之成为球体，用棉线将球体第一次缠紧，在缠线过程中瓶口都不能堵住（用来连接木棒，如图 3）。再用白色棉纱手套的棉线将球第二次缠紧，边缠边用手捏圆，使之成为一个直径约为 10 厘米的白色线球。在白色球体外面用彩色棉线缠棋盘花纹。最后在花纹交点处用棉线扎上一个小圆圈（目的是固定交点处）。于是一个球就大功告成，用同样的方法做出第二个球。把木棒加工成长 28 厘米，直径 3 厘米，涂上红色颜料，再将两个型号相同的塑料瓶，口向外，用小螺钉固定在木棒两端。将加工好的球体在木棒两端瓶口对盖口拧紧，就制成了多功能“哑铃”（如图 4）。

想一想

废塑料瓶还能制作什么？动手试一试。

★ **材料：**

旧挂历纸、塑料瓶、废报纸及单面胶带。

★ **制作方法：**

将旧挂历纸卷成长纸棍，塑料瓶中间挖个洞，将纸棍插进瓶中做成高尔夫球棍。用废报纸搓成纸球，外面用单面胶固定当高尔夫球。

市场上还有哪些类别的塑料瓶？观察一下，用笔记录下来。

想一想

测评园地

★ 你能创编几节“哑铃”操吗？

节数	动作名称	动作要领	节拍数
1			
2			
3			
4			

小知识

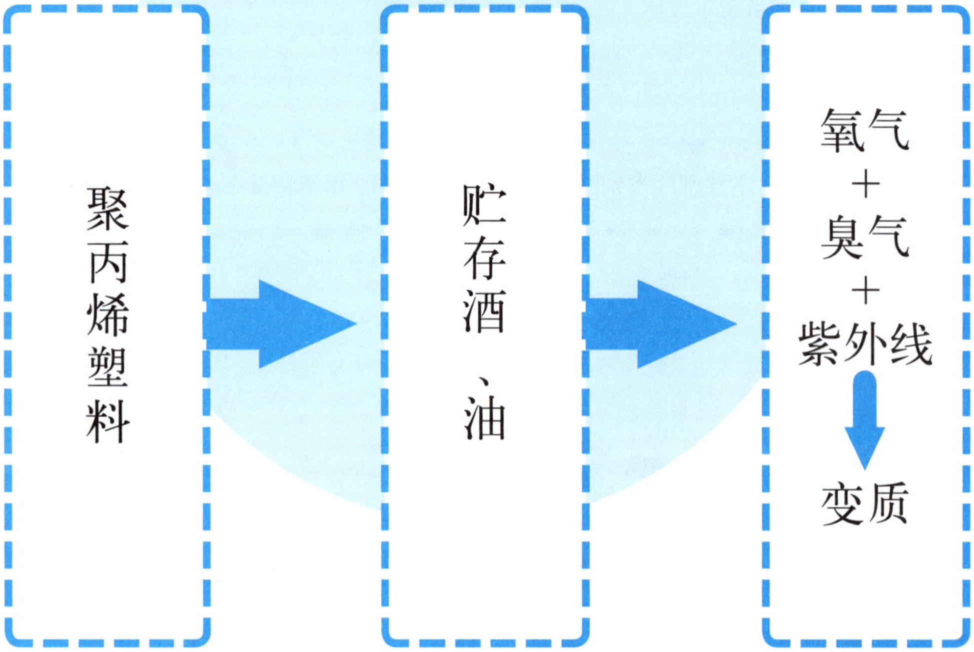

聚丙烯塑料 → 贮存酒、油 → 氧气 + 臭气 + 紫外线 → 变质

塑料制品上的三角标，表示塑料品可循环使用的标志。在每个塑料器皿的底部都有一个数字（它是一个带箭头的三角形，三角形里面有一个数字）。

“1 号”PET：矿泉水瓶、碳酸饮料瓶。“2 号”HDPE：清洁用品、沐浴产品。“3 号”PVC：目前很少用于食品包装，最好不要购买。“4 号”LDPE：保鲜膜、塑料膜等。“5 号”PP：微波炉餐盒、保鲜盒。“6 号”PS：碗装泡面盒、快餐盒。“7 号”PC：其他类，如水壶、水杯、奶瓶。

小知识

神奇铁环

滚铁环是一种在 20 世纪 60 ~ 70 年代非常普及，青少年常常乐此不疲的运动娱乐项目。放学后，大街小巷都是醉心于铁圈的神奇滚动的学生们，你来我往，交叉运动随处可见，而且很少发生碰撞，水平高者还能让铁圈滚出各种姿势。

神奇铁环

滚铁环是一种在20世纪60～70年代非常普及，青少年常常乐此不疲的运动娱乐项目。在大街小巷都能见到醉心于铁圈神奇滚动的学生们，你来我往，交叉运动随处可见，而且很少发生碰撞，水平高者还能让铁圈滚出各种姿势。但从20世纪80年代至今已很少有人问津。直到最近才被挖掘出来，进入“二期课改”体育教育内容中。此项运动，可以利用自制器材锻炼学生的平衡能力、耐力、灵敏性、协调性及上下肢的力量等素质，是一项老少皆宜，灵活多变的体育活动。

运动园地

滚铁环

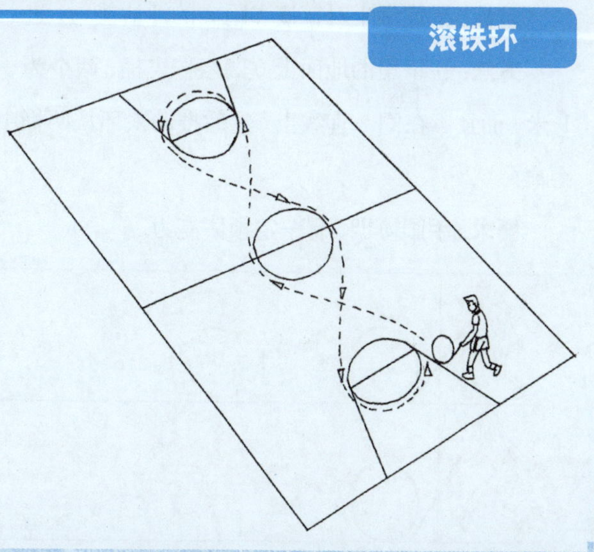

目标：提高学生的兴趣，增强灵活性，熟悉滚铁环的技术要求。

方法：右（左）手握竹片或用粗铁丝弯成“U”字形的把手，身体前倾，用把手紧贴铁环向前送，两眼注视前方，重心稍下降。

要求：沿着篮球场的边、端线运行，或是改变单一运行路线，利用篮球场的三个圆进行绕圈运行。

蛇形滚铁环

目标：提高学生连续不断地运行铁环的能力。

方法：在平坦的水泥场地上利用实心球或跳高架作障碍物进行蛇形来回运行，男女分组练习。

要求：利用手腕以及前臂的内旋和外展，使身体随运动方向的改变来向前推动铁环。

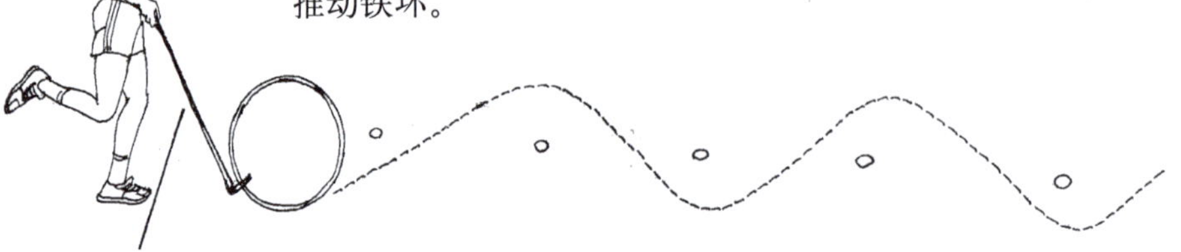

滚铁环接力

目标：提高学生滚铁环运行的速度和稳定性，培养学生的团队合作精神。

方法：将学生分成若干小组进行比赛，看哪一小组的同学运行得快。

要求：铁环过了终点线，后一位同学才可以起动，若运行到中途有失误，可以就地重新滚起来，最后看哪一组同学先到终点。

过障碍练习

目标：锻炼学生对宽度和距离的评估能力，进一步加强对铁环的控制能力。

方法：在平坦的地面上立四组标志桶，两个为一组，之间相距 10 厘米，每两组标志桶前后间隔 1 米，而且不在同一直线上，然后推动铁环从两桶中间滚过。学生熟练之后，可以减少两桶之间的距离。

要求：手眼协调，有一定预估能力。

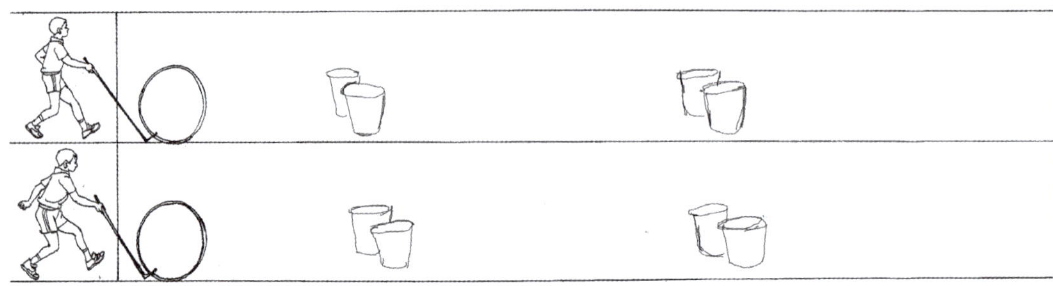

上、下坡练习

目标：学会上坡用力的技巧和下坡控制铁环的技巧。

方法：上坡时，用推杆推动铁环中下部使之向上滚动，下坡时用推杆的“U”形口钩住铁环的上部使铁环向下平稳滚动。

要求：尽量减少失误。上坡时要适当用力，下坡时要控制速度。

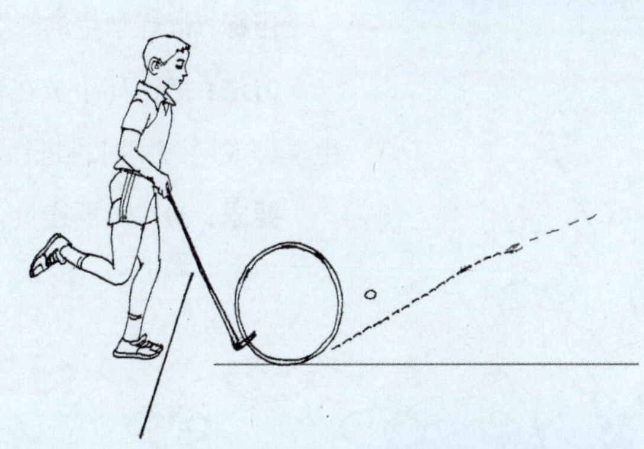

单脚跳跃铁环

目标：锻炼学生的踝关节和腿部力量，提高平衡性和弹跳力。

方法：把铁环平放在地上，环与环之间相隔一定距离（视学生而定），学生单脚跳进铁环中间，连续跳十个，左右脚交换或来回交替进行。

要求：学生应尽量向上跳起，动作要连贯。

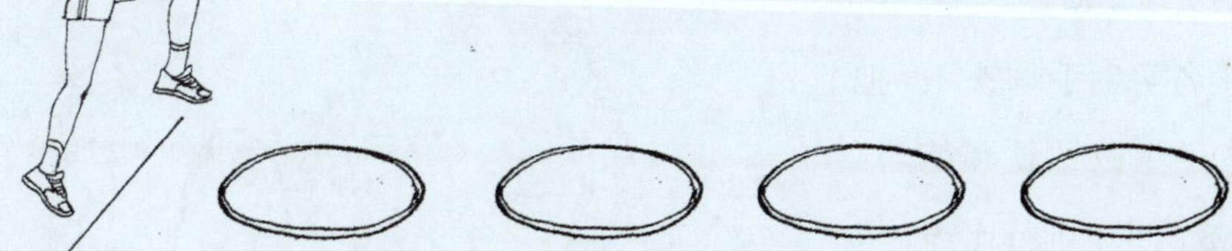

跨越滚动的铁环

目标：提高学生下肢跳跃能力和腿部力量。

方法：将学生分成若干组，一位同学手握铁环站在端线上，用力把铁环滚出去，与他面对而立且相距 5 米的同学（五人以上，相互之间有一臂距离的一列纵队）看到滚过来的铁环后，两脚跳起分腿越过滚动中的铁环至最后一位同学。

要求：用力向上跳起，两脚分开，两脚不能碰到铁环。（男同学可以用 28 寸的自行车钢圈练习，女同学可以用 24 寸的自行车钢圈练习。）

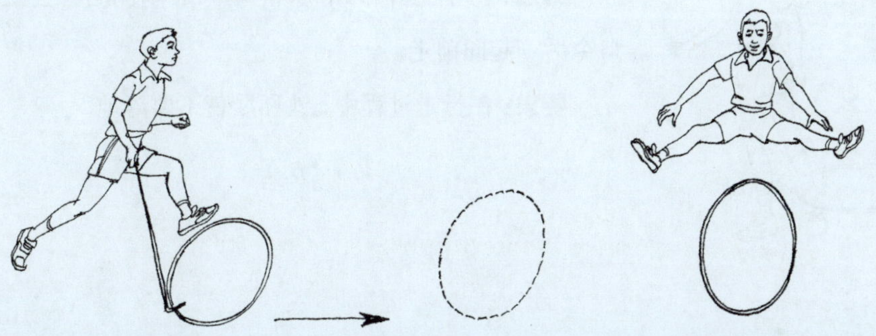

综合跳越铁环

目标：锻炼学生的踝关节和腿部力量，提高协调性和弹跳力。

方法：把铁环平放在地上，环与环之间相隔一定距离（视学生而定），学生单脚或两脚同时跳进铁环中间，左右脚交换或来回交替进行。

要求：动作协调连贯，跳跃过程中要求两脚同时落在并排放的铁环中。

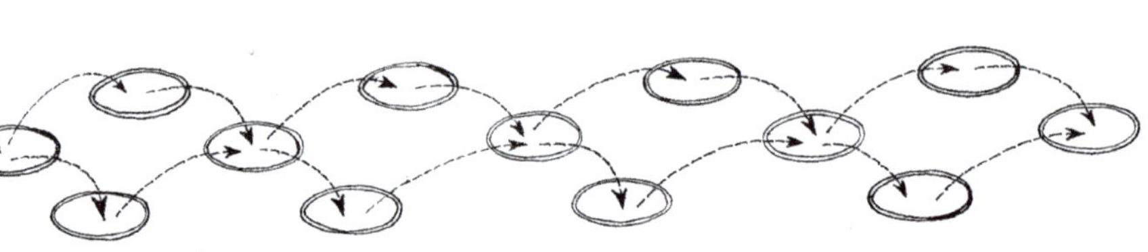

钻铁环 1

目标：发展学生的灵敏素质。

方法：安排 3～4 名学生手拿铁环，把铁环间隔竖立，其他学生做钻铁环练习。教师也可以把学生分成两组，进行比赛。

要求：手脚协调用力。

两人一环走

目标：发展学生协调能力，培养学生的合作精神。

方法：两学生并排站立，把两人靠内侧的脚套上铁环，听到口令后一起向前走。

要求：在行走过程中，铁环尽量不要落地。

套铁环跳

目标：发展学生的腿部力量。

方法：两脚套上铁环，向前跳跃。

要求：在跳跃过程中，铁环不能碰地。

跳圈移动

★ 单圈向前移动

目标：提高学生的身体控制力，发展学生下肢力量。

方法：学生两脚在铁环的上、中、下（或左、中、右）3 个区域内连续快速跑动。

要求：移动过程中要快速。

★ 多圈向前移动

目标：提高学生的身体控制力及步频，发展下肢力量。

方法：学生两脚快速地在摆放于地上的多个铁环内来回跑动。

要求：每个区域都要做到快速，不要停顿。

钻铁环 2

目标：发展学生的手臂支撑力量与跳跃能力，增强学生的身体空间感。

方法：两人一组，一人将铁环置于腹部成俯卧姿势，另一名学生从铁环中快速钻出，并快速跳过同伴的腿部连续 20 次，然后交换。

要求：注意放置铁环的位置，俯卧的同学轻碰铁环；钻铁圈的同学在跳跃时勿碰到俯卧的同学。

掷 准

目标：发展学生的判断能力，增强学生手臂力量。

方法：三个学生一组，手持海绵球将球掷入其中一位学生手举的铁环内传给另一位同学。

要求：注意间距。

套环接力赛

目标：发展学生的奔跑能力，强化学生团队合作意识。

方法：学生沿 30 米起跑线站立，听到口令，迅速加速跑到 30 米终点处，用铁环将身体从上到下来回套 3~5 次，返回与下一个学生击掌后，下一个学生开始跑动。

要求：铁环必须完整套过身体。跑到终点后必须与队友击掌。

传圈接力

目标：培养学生团队合作意识，发展学生奔跑能力。

方法：学生排成一列纵队，听到口令，第一个学生迅速将圈传至下一个学生，再跑到最后一个学生的后面排队，依次类推，直至到达终点。

要求：圈不能掉落，必须双手接圈。

滚环接力

目标： 培养学生的团队合作能力，发展学生的奔跑能力。

方法： 将学生排成一列横队，间隔一臂距离。听到口令后，第一个学生迅速将铁环用手掌传到下一学生，再跑到最后一个学生的后面排队，依次类推直至到达终点。

要求： 必须用手掌，不能握环，不能让环倒地。

健身园地

滚铁环比赛

目标： 提高滚铁环的技术和速度。

方法： 在社区的空地上随意进行滚铁环练习，在相互不碰撞的情况下，看谁滚铁环的时间最长、花样最多，并评选最佳选手。

要求： 尽量减少失误。

铁环呼啦

目标： 发展学生的腰部肌肉力量，提高协调性和髋关节的灵活性。

方法： 利用社区健身空地，将铁环当作呼啦圈，随意站立或一字排开，看谁转的时间长。

要求： 两脚开立稍宽于肩，利用腰和髋部的扭动旋转使铁环转起来。建议最好用直径 8 毫米粗细的铁丝做成的铁环。

套圈比赛

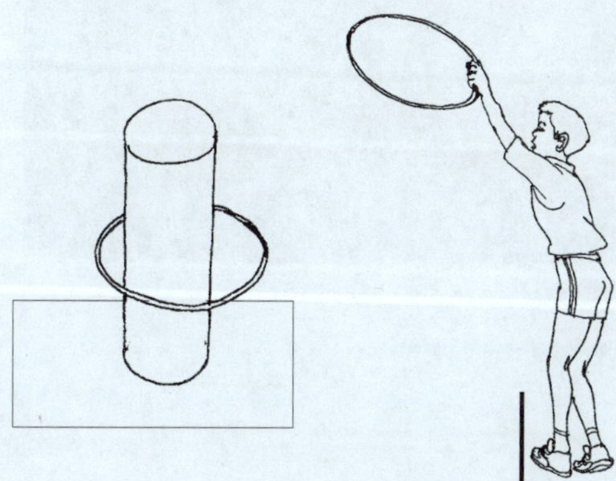

目标： 提高学生的判断能力，增强信心。

方法： 利用社区健身空地，两脚前后开立，站在线边，手拿铁环，抛向 5 米远处的物体。每人套 5 个圈，看谁套准最多。

要求： 站在线外不能踩线，铁环应尽量抛得高一点。

跳房子

目标： 发展学生的跳跃能力，提高身体协调能力。

方法： 摆放一定数量的铁环成“房型”，依照队友间规定好的单双脚交换顺序在铁环内跳动，直至回到原来位置与队友击掌交换。

要求： 标志块勿乱丢。根据学生能力进行“造房”。

齐心协力

目标：提高学生的身体协调性，培养学生的团体合作能力。

方法：学生 5～6 人手拉手围成圆圈，手指紧握，不能分开，将铁环置于其中两位学生之间的手腕上。通过学生间的相互配合，将铁环套过身体，移至下两位学生的手腕上，不断循环。

要求：学生在相互配合期间，注意铁环方向，轻巧用力，注意安全。分组时，注意学生人数，有效增加练习密度。

穿越电网

目标：培养学生的团队合作精神。

方法：将铁环用绳由低到高固定于空中（适合学生的高度），学生通过合作，从铁环的一边，全体进入另一边。

要求：不能触碰铁环，每次只能过一人。

钻山洞

目标：培养学生动作的协调性。

方法：在空地上画两条相距 20 米的平行线分别为起点线和折返线，在折返线上放四个铁环，每环间隔为 2 米。将参加者分成人数相等的四个队，成纵队分别站立在起点线后，指挥者发出信号后，各队排头快跑至折返线处，从头至脚钻过铁环一次后，跑回本队出发点，拍第二个队员手，自己则排在队尾，第二个队员依次进行，以先完成的队为胜。

要求：必须在折返线上按规定方法钻铁环，发出信号和被拍到手后才能起跑，否则要重新开始。

拔　河

目标：发展学生的手臂力量。

方法：在空地上画两条相距 1 米的平行线，作为起拉线。参加者分成人数相等的两队，面对面站在场地中央，组成一个个对抗组。给每个对抗组发一个铁环，双方各用手握铁环两端。发令后，两队队员把铁环朝自己方向拉，以将对方拉过本方起拉线为胜。最后统计把对方拉过线次数多的队为胜。

要求：听到口令后才能开始拉。拉的过程中不能松手。必须将对方双脚全部拉过本方起拉线才算获胜。

拖小猪

目标：锻炼学生的耐性。

方法：参赛者分为人数相等的两队，第一名同学用钩拉住环、环套住球，慢慢向前走。将“小猪”（即球）运到指定位置后滚铁环返回队伍中。队伍中第二人接过铁环出发，依次将本队的“小猪”全部运到目的地。快的那一队胜利。

要求：中途“小猪”掉了的话要从掉的地点重新开始。滚铁环返回队伍中也要注意铁环不能掉，否则也要从掉的地点重新开始。

拉海龟

目的：发展学生的手臂力量。

方法：在场地中央画两条相距 3 米的平行直线为河界。游戏者分成两人一组，一前一后立于河界一侧线后，一人执铁环于腰间，身体前倾作海龟状，另一人双手紧握铁环的另一端作"拉龟人"，发令后"海龟"用力向前爬行，而"拉龟人"则尽力将"海龟"往后拉，在 20 秒内以"海龟"是否爬到对面界河评判胜负。

要求："拉龟人"的双手不能突然松手，违者算失败。

点球大战

目的：锻炼学生的手眼协调力。

方法：这是一个两人配合的游戏，需要的材料有纸球（或海绵球）、铁环、铁钩。两人进行游戏时，一方是点球手，手持铁钩和纸球，另一方是守门员，手持铁环立在地上。游戏开始，点球手站在原地把纸球用铁钩往铁环中推，如果进入环中为胜，可以再次游戏，点球手和守门员不变，如果未能进入环中则交换点球手和守门员。在游戏中可调整点球手与守门员之间的距离来改变游戏的难度，距离近则难度低，距离远则难度大。

要求：守门员不能用铁钩以外的任何东西接触、阻挡纸球。点球手不得将纸球往铁环以外的地方投掷。

小和尚挑水

目标：培养学生的平衡感和手臂的力量。

方法：游戏中学生两手臂侧平举，左右手腕处各放一个铁环为“水桶”，过“独木桥”（平衡木）时双手臂伸直，就像小和尚在挑水。游戏还可以增加难度，如增加挂在手臂上铁环的数量。

要求：手臂不能弯曲。如果从“独木桥“上掉落，需要从掉落的地方重新开始。

探究园地

铁环制作

★ 材料：

废旧的自行车钢圈或废旧的箍桶铁圈、竹片。

★ 制作方法：

用一长 50 厘米左右、宽 3 厘米、厚 1 厘米左右的竹片（经过处理的）或者用一长 50 厘米下端有 5 厘米钩子的“U”形粗铁丝做成把手，如图：

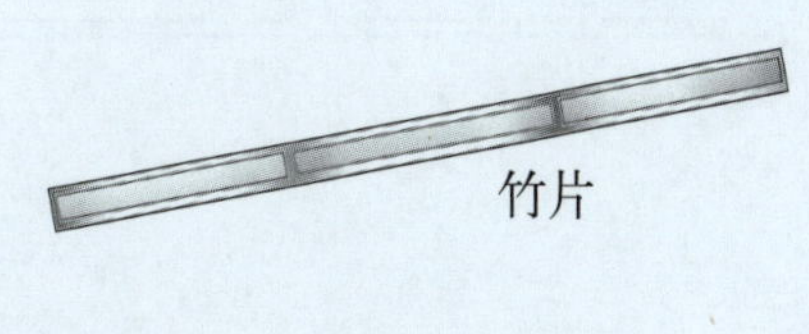

想一想

1. 用铁环可以拼成哪几种图案?
2. 铁环还可以进行哪些健身活动?
3. 利用铁环和身体可以摆哪些造型?
4. 铁环还能用什么制作? 自己试一试。

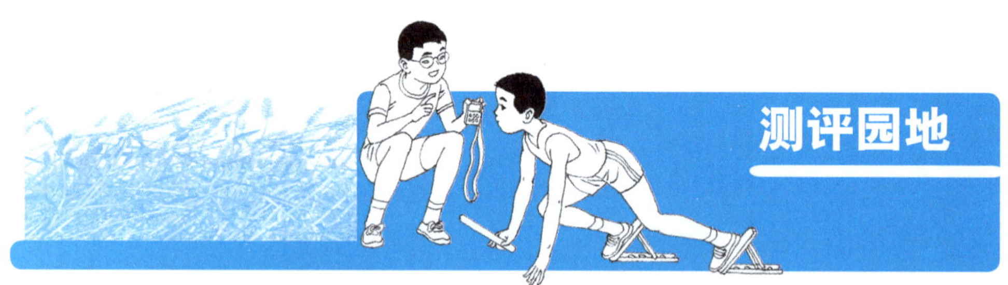

测评园地

★ 下面这些练习你会吗?

掌握程度 动作名称	初步会	基本会	熟　练
滚铁环			
呼啦圈			
套　圈			
拼图案			

一、儿歌

1. 铁环铁环圆又圆，大环上面套小环；推动铁环哗哗响，小朋友们多喜欢。

2. 同学们，下课了，快到外面跑一跑；推铁环，做做操，锻炼身体不疲劳；做游戏，唱个歌，精神爽快身体好。

3. 下课铃声响，我们出课堂；课间十分钟，活跃在操场；推铁环，打乒乓，跳舞游戏把歌唱；课间休息精神爽，好好学习，天天向上。

二、小谜语

（谜面）：一根铁条头带钩，一只大耳长后边，手握大耳推铁圈，铁圈滚动唱得欢（打一体育游戏活动名称）。

（谜底）：推铁环。

小知识

竹竿乡恋

当你看到一片片竹林时，一定会联想到钓鱼竿、晾衣竿、少数民族的竹楼等。竹竿与我们的生活息息相关，我们的吃、住、行都与竹竿有关，在我们的学校体育活动中也有竹竿的身影。

竹竿乡恋

当你看到一片片竹林时，一定会联想到钓鱼竿、晾衣竿、少数民族的竹楼等。竹竿与我们的生活息息相关，我们的吃、住、行离不开竹竿，你是否想到过运用这些竹竿来进行体育锻炼？通过下面的一些练习，你或许对竹竿会有另一种看法。

运动园地

踩高跷

★ 直线走

目标：发展学生的灵活性，并提高上肢力量。

方法：两手反握竹竿于体侧，将有踏脚的一侧朝内，然后两脚依次踏上踏脚，手脚配合向前走。练习时，可以进行比赛，看谁走得快，走得稳。

要求：控制好平衡，协调用力。

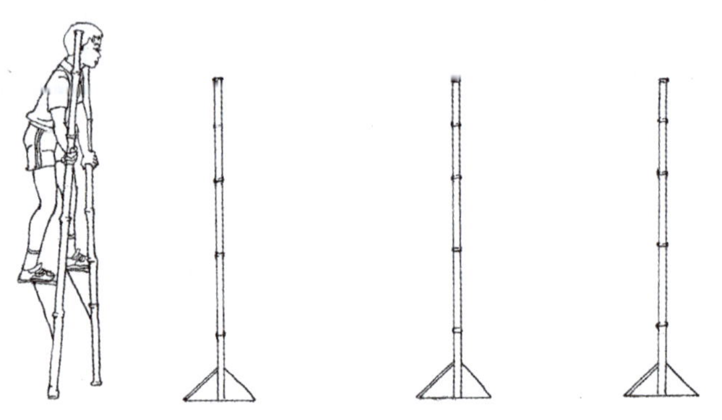

★ 绕障碍走

目标： 提高学生协调能力，发展上肢力量。

方法： 在场地上设置一些标志物，或以学生为标志，设置一些队形或图案，学生踩高跷绕过标志物。

要求： 注意平衡，不要碰到障碍物。

划竹竿

目标： 锻炼学生的反应能力。

方法： 由一名学生手持竹竿一端站在圆心上，并下蹲准备划动竹竿。其余学生站在圈上，依次跳起，跃过或跨过滑动的竹竿，碰到竹竿就算失败，看哪一组的学生反应最快，维持的时间最长。练习的学生可以单脚跳，也可以双脚跳。初练时，划竹竿的学生可以叫口令，且竹竿的高度不能高于膝盖。

要求： 把握节奏，不要踩到竹竿。

下　腰

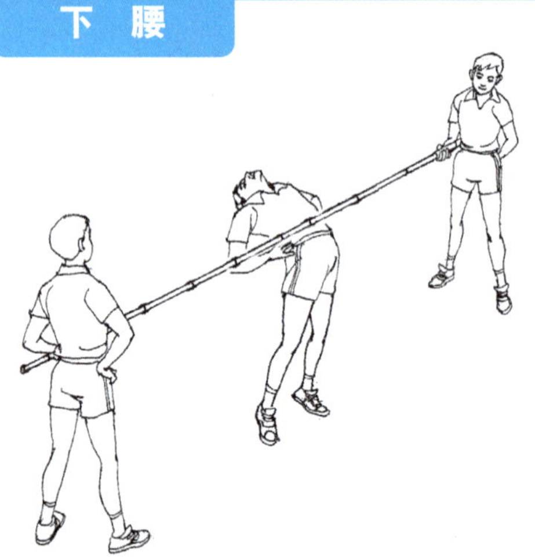

目标： 发展学生的柔韧素质。

方法： 两学生各持竹竿一端（两人相隔 2 米左右），放于腰间，练习学生采用下腰动作穿过竹竿，持竿者可根据练习者的实际情况升降竹竿高度。学生在练习时不能屈腿。

要求： 持竹竿同学不可在同学下腰时故意降低高度。

夹竹跳

目标：锻炼学生的跳跃能力和反应能力。

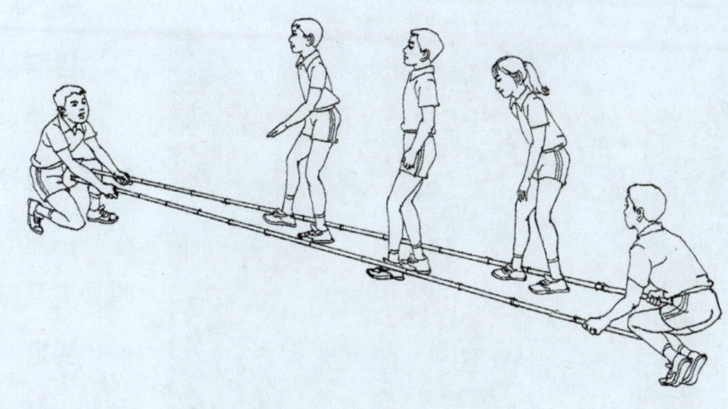

方法：以两根长为 2 米左右的竹竿为器材，两学生手持竹竿顶端，面对面下蹲，练习者站于两竿中间。随着夹竹竿者简单的口令（如“1、2、1、2”或“分、并、分、并”）进行分并跳练习，也可以随着轻快的节奏进行练习。学生可以结合自己的熟练程度增加竹竿的数量和练习者的人数。

要求：随口令进行分并跳练习，把握准节奏。

踩竹筒

目标：发展学生的协调能力。

方法：以两根小竹竿为材料，分别用两根 4 号细绳穿过竹竿孔，然后把绳子打结，两脚分别踩在两根竹竿上，用手拉紧绳子，向前行进。

要求：手脚协调用力。

掷竹竿

目标：发展学生的手臂力量。

方法：同掷标枪方法。

要求：动作连贯协调。

奔跑练习

★ 快上岗

目标：提高学生快速反应的能力。

方法：学生分散站立围成一个圈报数，并记住自己的号。圆圈直径不大于 10 米，竹竿长 3 米左右。一人站立圆心持竹竿。游戏开始持竹竿人叫号离竿与被叫人换位，竹竿不倒为胜。

要求：控制奔跑速度，注意急停。

★ 跨越竹竿

目标：发展学生在障碍物前的快速奔跑能力。

方法：5 米左右竹竿 8 根，每根间隔 4 米横卧在跑道中间。学生运用跳、跨等方式越过竹竿，冲过终点。

要求：注意踢掉竹竿后的及时处理。

★ 平衡

目标：发展学生奔跑的能力和平衡性。

方法：小竹竿 4～8 根，长度在 30 厘米左右。将小竹竿顶在食指指尖，控制平衡，奔跑过终点。

要求：奔跑期间竹竿不能掉落。

奔跑练习

★ 竹竿接力

目标：培养学生快速奔跑和团队合作的能力。

方法：学生以 5～8 人为一组分成若干小组，手持 30～40 厘米的竹竿奔跑一定距离（50～80 米）后将竹竿传给下一位同学。依次传递直到一组队员全部完成并计算时间。

要求：传递时竹竿不能落地。

灵敏练习

★ 击掌扶竿

目标：发展学生机智灵活、快速敏捷的能力。

方法：每人手扶一根 1.5～2 米的竹竿站立，队列不限。听口令击掌扶竿，击掌次数由少到多，以击掌次数多而竹竿不倒地者为胜。

要求：除击掌外可启发学生尝试做叉腰、侧举等动作。

★ 转圈扶竿

目标：发展学生的快速敏捷的能力。

方法：每人手扶一根 2～3 米的竹竿站立，队形不限。听口令后放手原地转圈扶竿，竹竿倒地即为失败。

要求：转圈次数可因个人能力作适当调整。

跳移动竿

目标：发展学生快速躲闪和反应能力。

方法：学生间隔 1 米站立，一人平持一根 2～2.5 米的竹竿，离地 20～30 厘米移动竹竿。其他人依次跳起，全部跳完后交第二人，一直到全部学生完成为止。

要求：持竿同学动作速度均匀或逐渐加快减慢，不可急促变换速度。

对抗负重

★ 夺竿大战

目标：发展学生的力量素质，培养坚毅、顽强的意志力和集体主义精神。

方法：用拔河的方式争夺竹竿。

要求：不可用竹竿打人。

对抗负重

★ 救护车

目标：发展学生的悬垂和负重能力。

方法：学生三人一队，两人持两根竹竿开“救护车”，一人悬垂或仰卧在竹竿上。

要求：悬垂者支撑不住时，脚先着地，切不可放手。

★ 收货

目标：培养学生协同合作的能力。

方法：两人持两根1米长的竹竿夹抬一个篮球，用滑步或交叉步横向行进进行接力赛，中途球不能落地。

要求：学生熟悉练习后可逐渐增加“南瓜”(球)的数量。

★ 救灾

目标：培养学生社会责任意识。

方法：学生将一捆竹竿扛于肩膀上，每捆竹竿4～5根，长度2米以上，完成从一端到另一端的输送。

要求：运用比赛的方式，使学生能很好地完成负重任务。

健身园地

不倒竿游戏

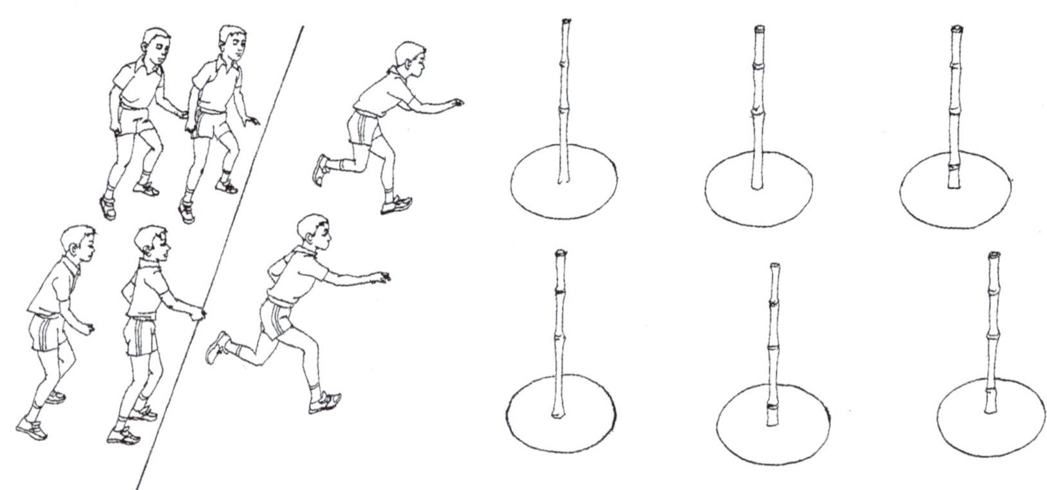

目标：提高学生的反应能力和灵活性。

方法：空地一块。竹竿若干，在空地上画一条直线为起跑线，在距线 4 米处画数个圆。将参加者分成人数相等的若干组，各组成纵队站在线后，各组排头进圆圈立起竹竿。发令后，各排头手离竿，同组下一个队员立即跑上去争取在竹竿倒地之前将之扶住使其不倒地。全组队员依次进行，以得分多的队为胜。

要求：竹竿倒地一次扣 1 分。竖竿人手离竿后，扶竿人才能跑出。先完成的队可以加分。

扶竿转圈

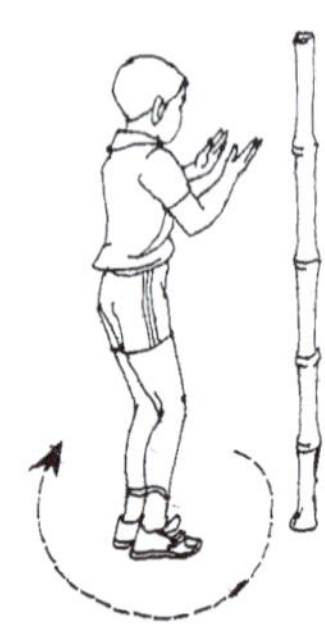

目标：锻炼学生的协调性。

方法：参加者分散于场内，每人一根竹竿。将竹竿直立于身体前面，一手扶竹竿上端。发令后，手迅速离竿，并在胸前拍掌一次（同时原地转圈一次）。拍掌（转圈）后迅速扶竹竿。然后依次增加击掌（转圈）次数，最后以击掌（转圈）次数最多且能扶住竹竿者为胜。

要求：竹竿倒地为失败。

交换扶竿

目标：锻炼学生的协调性和奔跑能力。

方法：参加者分散于场内，每人一根竹竿。将竹竿直立于身体前面，一手扶竿上端。发令后，手迅速离竿，并互相依次交换竹竿。然后增加距离，最后以跑的距离最多且能扶住竹竿者为胜。

要求：竹竿倒地为失败，退出比赛。

圆圈叫号扶竿

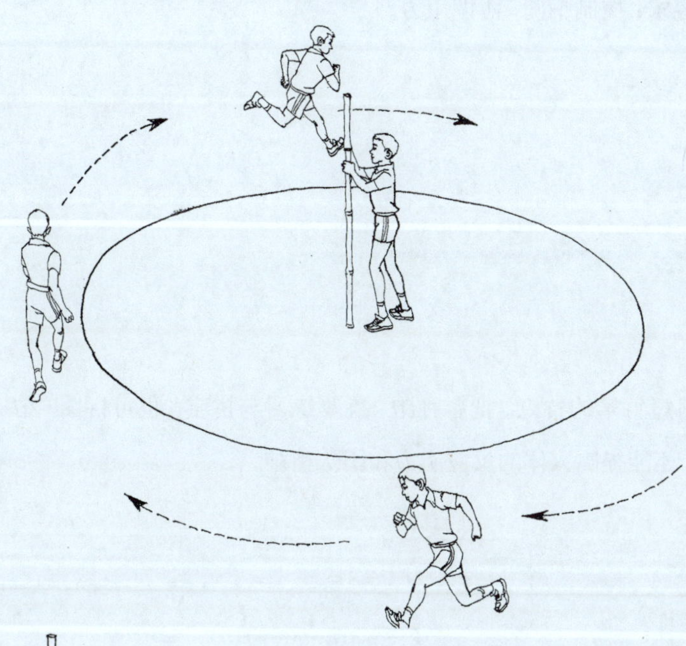

目标：锻炼学生的奔跑能力。

方法：根据参加人数多少来画圆。报数后单双数各为一组在圆外慢跑，教师手按竖立的竹竿。游戏开始，教师叫游戏者的号数，同时手离竿，被叫到者跑向圆心扶竿，扶住者得分，反之失分，各叫五名学生为一局比赛，计算胜负。

要求：注意力集中。

起跳扶竿游戏

目标：发展学生的跳跃能力。

方法：每人面前放一竹竿。游戏开始，扶竿的手指离竿，做下蹲摸跳起 2~3 次，然后扶竿，不使竹竿倾倒。也可做抱膝跳扶竿游戏。若起跳无力或竿倾倒者，应扣分。

要求：用力起跳。

顶竿游戏

目标： 锻炼学生对物体的控制能力。

方法： 游戏者两脚开立，两腿微屈，一手用食指或中指顶竿，另一手扶竿。游戏开始，扶竿手离竿，顶竿手不让竿倾倒，比谁顶竿时间长。还可以用脚背、膝盖、掌心或下巴部位顶竿。

要求： 控制平衡，协调用力。

拼竿游戏

目标： 提高学生奔跑的能力。

方法： 在游戏活动中，可充分利用短竹竿的特点，把各种跑、跳等练习与拼字（也可拼图）结合。这种练习形式在锻炼身体的同时，还能提高人体的反应能力和团队精神。

要求： 快速奔跑，拼字（图）正确。

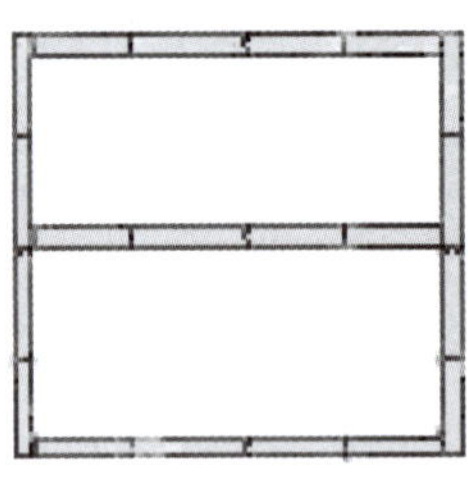

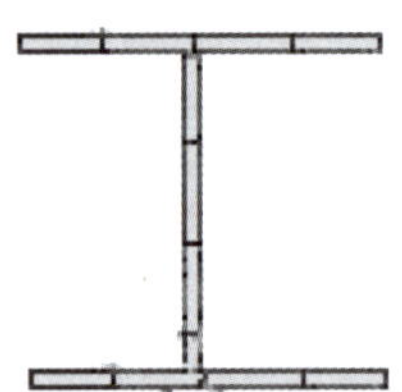

齐心协力

目标： 发展学生的协调能力，养成团队合作的良好品质。

方法： 在一空地上画一起点线，5～6 名学生成纵队站在起点线后，两脚分开，前后靠拢，左右同侧的脚依次捆绑在同一根竹竿上。听到发令声后，同时向前走动，先到终点的一组为胜。

要求： 动作统一，摔倒后不要着急前进，要等全组准备好再前进。

穿过竹林

目标： 培养学生变向跑动的能力和克服困难的精神。

方法： 在场上画两条 20～25 米的平行线，两线间并排插两行竹竿，每行 5～8 根，竹竿间隔 2 米。学生分成人数相等的两队，每队分甲、乙两组，分别排成一路纵队，面对竹竿站在两边线后。教师发令后，每队甲组第一人绕竹竿曲线跑向乙组，并拍乙组排头的手，自己站在乙组排尾。乙组队员按同样的方法跑向甲组，拍甲组第二人的手，自己站到甲组排尾，依次进行。以没有犯规或犯规少又先跑完的队为胜。

要求： 必须站在线后（不得踏线），拍手后才能起跑。不得碰倒竹竿，如碰倒必须扶起重新插好才能继续跑。

撑竿过河

目标：发展学生支撑跳跃的能力，培养勇敢、果断的品质。

方法：在场地上画一条起跑线，距离起跑线正前方 5 米的地方画两条平行线作为“小河”，“河面”宽为 2 米，再准备两根竹竿。将参加游戏的学生分成人数相等的两队，面向“小河”分别排成纵队，站在起跑线后。游戏开始时，各队第一人手持竹竿跑向“河边”，用竿撑地跳过“小河”，并将竹竿丢到本队队员面前，然后站到“对岸”距“河” 5 米远的地方，面对“小河”。各队第二人捡起竹竿后，用同样方法“过河”。游戏中，落入“水中”的学生要退出游戏。游戏时间结束后，“过河”人数多的一队获胜。

要求：用竹竿撑地跳过“小河”时，起跳时脚不能踩到“河”里。落地时，不能掉入“河”中，落“水”者同样判为失败。

齐放竹竿

目标：增强学生的肌肉控制能力，提高相互配合的协调能力。

方法：选一根长约 3 米的竹竿，队员 8～10 人一组，分别站在竹竿两侧。每人单手握拳伸出食指共同擎住竹竿，使竹竿与胸部同高且和地面平行。口令下达后，要求队员一起向下将竹竿水平放至地面，注意在水平下落的过程中食指始终不能离开竹竿，否则将被淘汰出局，看哪个队完成得又快又好。

要求：竹竿掉落时注意安全。

盲人行走

目标：锻炼学生的判断能力和语言表达能力，培养学生的合作意识和创新能力。

方法：用十几根竹竿插上一片树林，再用竹竿、绳索等在距离地面不同高度搭起一些横竿，让一些同学手持竹竿，使其前后连接、上下左右交错，组成网格状的障碍。学生两人一组，一人在前作引导者，后边的同学用布条（红领巾、衣服等）蒙住眼睛扮作盲人。口令下达后，两人手拉手开始出发，在有限的时间内，两人互相合作，运用走、跑、跳、绕、跨、钻、爬等方式前进，途中尽量避开障碍物，先抵达终点且碰障碍物次数少者获胜。

要求：在活动前注意充分热身，在钻、爬时注意安全。

前赴后继

目标：培养学生快速反应的能力。

方法：学生站立成圆形，每人扶一根竹竿，听口令后按规定方向快速移动换位扶竿，轮换次数多的队为胜。

要求：注意不要让竹竿倒下。

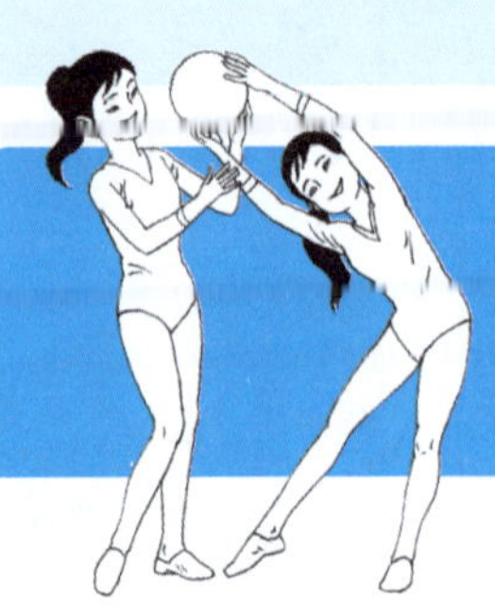

探究园地

教具制作

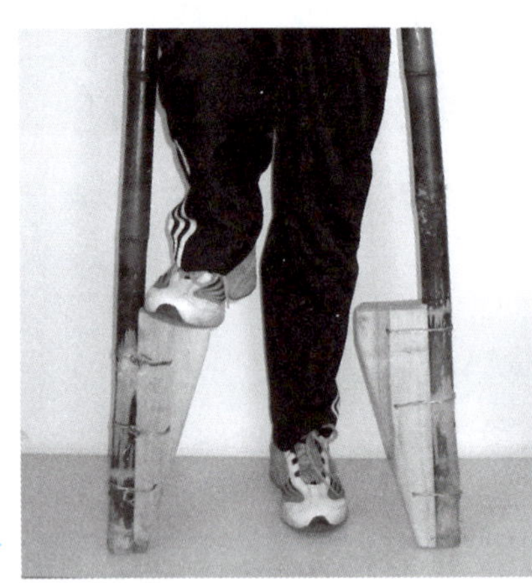

以直径为6厘米左右，长2米左右的竹竿为材料，在竹竿的一端包上一层薄薄的橡胶皮，然后分别在距底端30厘米和50厘米处打两个对穿的孔。另外，用两个同样粗的长为10厘米的竹竿（或木块），在竹竿的中心同样打一个对穿的孔，穿过孔将短的竹竿固定在长的竹竿上，作为踏脚。踏脚的高度可以根据学生的年龄和身高进行调节。

此外，竹竿还可以变成体操棒、木棒、担架等运用于体育教学和运动训练。只要我们用心研究，善于发现，注重开发，就能最大限度地发挥竹竿在体育教学和运动训练中的妙用。

想一想

你能试编一个竹竿舞吗？

你能用竹竿拼出更多的图形和文字吗？

★ 利用竹竿进行锻炼的方法有很多，通过本课的学习，你掌握了多少种竹竿锻炼的练习方法？

项目 \ 等级	优良	合格	有待提高
踩高跷			
夹竹跳			
拼竿游戏			

	内容	自评	师评
学习表现	认真倾听和练习	☆☆☆☆☆	☆☆☆☆☆
	遵守规则	☆☆☆☆☆	☆☆☆☆☆
	掌握各种游戏方法	☆☆☆☆☆	☆☆☆☆☆
	掌握简单的安全防护方法	☆☆☆☆☆	☆☆☆☆☆

	内容	自评
学习动力	我喜欢竹竿游戏	☆☆☆☆☆
	我能克服困难	☆☆☆☆☆
	我喜欢和同学一起做游戏	☆☆☆☆☆

“竹竿舞”是黎族民间舞蹈之一。每逢过节，他们便身着艳丽的民族服装，翩翩起舞。只见竹竿一开一合，不断地变换着图案。舞者随着变换的图案和音乐的节奏，在交叉的竹竿中快乐地跳跃，并不时地变换舞步做出各种优美的舞蹈动作。

小知识

“高跷”是广泛流传于菏泽民间的一种娱乐活动，有百余年历史。每逢农历正月十五前后，农村高跷爱好者就组织起来，脚踩高跷，身穿各种古装服，戴各种脸谱，并依据一些故事情节表演于街头广场。

多彩皮筋

利用橡皮筋作为运动器材是青少年十分喜爱的一项体育活动，它具有实惠、简便、趣味性强等特点，尤其是五彩斑斓的橡皮筋上下舞动，让人心情愉悦。跳橡皮筋是在两脚交替跑跳中完成各种动作的全身运动。它以跳跃为主，穿插着点、迈、勾、绊、搅等。

多彩皮筋

利用橡皮筋作为运作器材是少年儿童十分喜爱的一项体育活动，它具有实惠、简便、趣味性强等特点，易于在广大中小学生中普及。跳橡皮筋是在两脚交替跑跳中完成各种动作的全身运动。它以跳跃为主，穿插着点、迈、勾、绊、搅等动作。

运动园地

橡皮筋伸展练习

★ 侧拉橡皮筋

目标：锻炼学生三角肌和斜方肌。

方法：站在橡皮筋中央，两手握住两头，自然下垂。手臂伸直，掌心转向内侧，双手从两侧平稳抬起，同时吸气，放下时呼气。

要求：手臂伸直，还原时，要对橡皮筋保持一定反作用力。

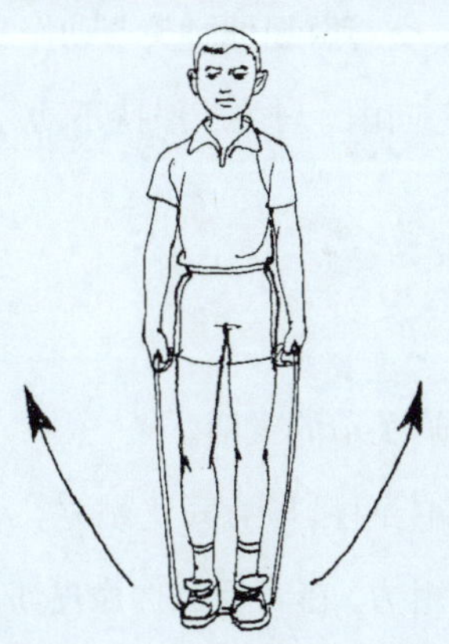

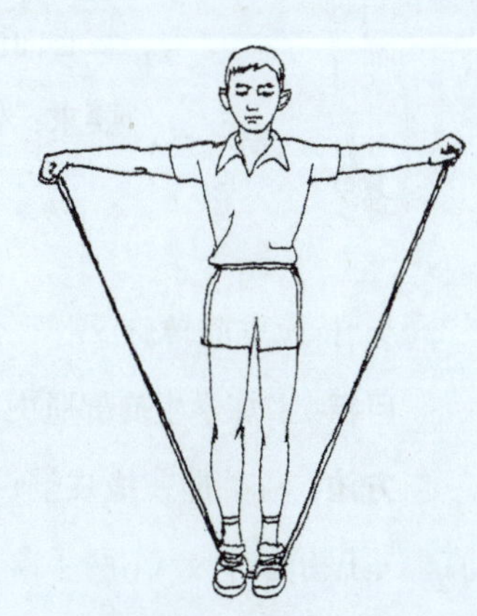

橡皮筋伸展练习

★ 上下拉橡皮筋

目标： 锻炼学生的肩部肌肉。

方法： 两腿分开与肩同宽站立，两手上举使橡皮筋与肩同宽。双臂伸直从两侧往下拉开橡皮筋至胸部，同时吸气；做还原动作时呼气。

要求： 手臂伸直，肩部放松。

★ 胸前平拉

目标： 锻炼学生的肩部和背部肌肉。

方法： 两腿分开与肩同宽站立，两手握住橡皮筋两头拉伸到比肩宽。两手继续往两边拉，直到手臂伸直，同时吸气；做还原动作时呼气。

要求： 肘关节伸直，肩关节保持水平。还原时要对橡皮筋保持一定反作用。

★ 体前屈伸肘

目标： 锻炼学生的肩部二头肌。

方法： 两腿分开与肩同宽站立，站在橡皮筋中部，手握橡皮筋两头，自然下垂。掌心向前，交替做屈伸肘关节动作。呼吸要平稳。

要求： 拳心向内，肩关节保持不动。

★ 持橡皮筋转肩

目标： 锻炼学生肩部肌肉和肩关节的灵活。

方法： 两手握在橡皮筋两端，两腿与肩同宽站立，双臂伸直，向上抬起时吸气；两手向下用力，在背后拉伸橡皮筋，同时呼气，还原动作。

要求： 肘关节伸直，两手尽量靠近。

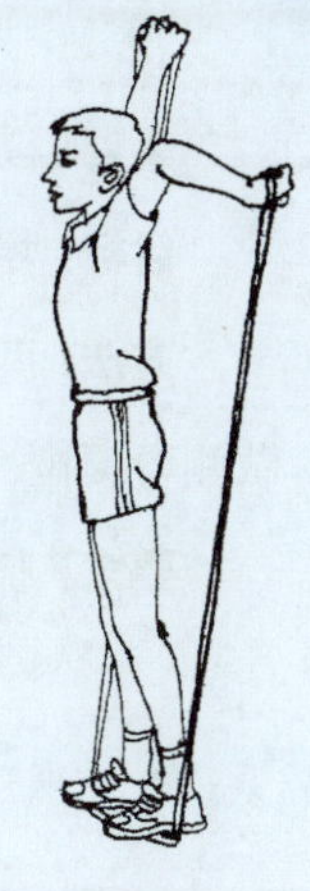

★ 体后屈伸肘练习

目标：锻炼学生肩部三头肌。

方法：两脚站于橡皮筋中部，两手握住两端置于脑后，肘关节上举，然后向上伸直手臂，同时吸气。弯曲手臂时呼气。

要求：上体保持正直；还原时，要对橡皮筋保持一定反作用力。

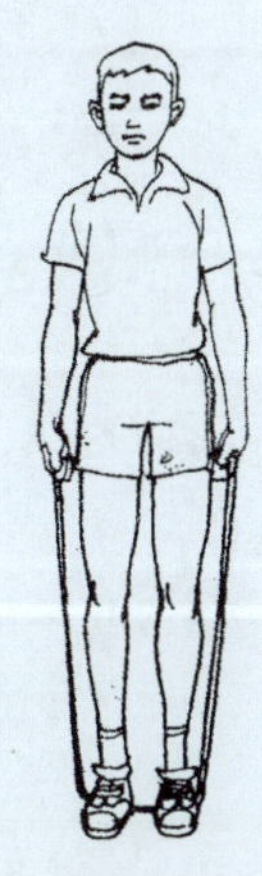

★ 提肩练习

目标：锻炼学生斜方肌。

方法：两脚站在橡皮筋中部，握住橡皮筋两端放于大腿旁，两手下垂。站直，目视前方肩尽量上提，并稍微向后，同时吸气；动作还原时呼气。

要求：手臂伸直，肩部放松，尽量上提。

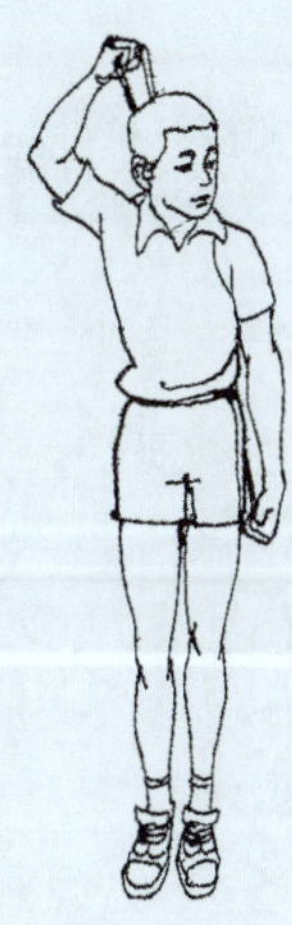

★ 体后拉橡皮筋

目标：锻炼学生二头肌和肩带肌肉。

方法：橡皮筋置于后背，左手伸直放到臀后，右肘弯曲靠近肩头。往右上方最大限度地伸直右手，同时吸气；屈臂做还原动作时呼气。然后，右手伸直放到臀后，左肘弯曲靠近肩头，重复前动作。

要求：上体保持正直；还原时，要对橡皮筋保持一定反作用力。

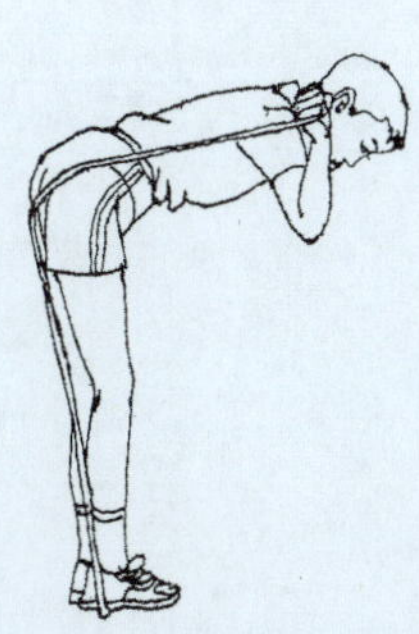

★ 体前屈

目标：锻炼学生背部肌肉。

方法：两手握橡皮筋两端置于脑后，两脚站在橡皮筋中部。上身前倾成水平状，同时吸气；然后起身直立，做还原动作时呼气。

要求：膝关节伸直，直背。

橡皮筋伸展练习

★ 侧弯腰练习

目标： 增强学生腹侧部肌肉和腰部的灵活性。

方法： 两脚站在橡皮筋中部，两手握住橡皮筋两头，与大腿同高，向左、右做侧弯腰拉橡皮筋，呼吸平稳。

要求： 膝关节伸直，肩部放松。

★ 仰卧直臂拉橡皮筋

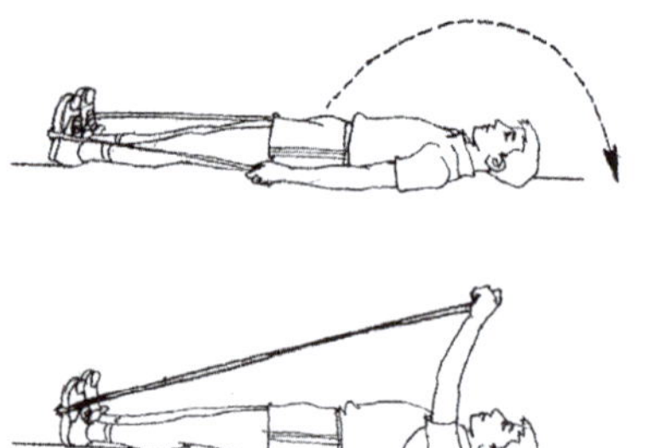

目标： 锻炼学生胸部肌肉和肩部肌肉。

方法： 仰面而躺，橡皮筋中部放在两脚底，两手握住橡皮筋两头，手臂自然下垂，两手经体侧慢慢上举，同时吸气，做还原动作时呼气。

要求： 手臂伸直，还原时，要对橡皮筋保持一定反作用力。

跳越游戏

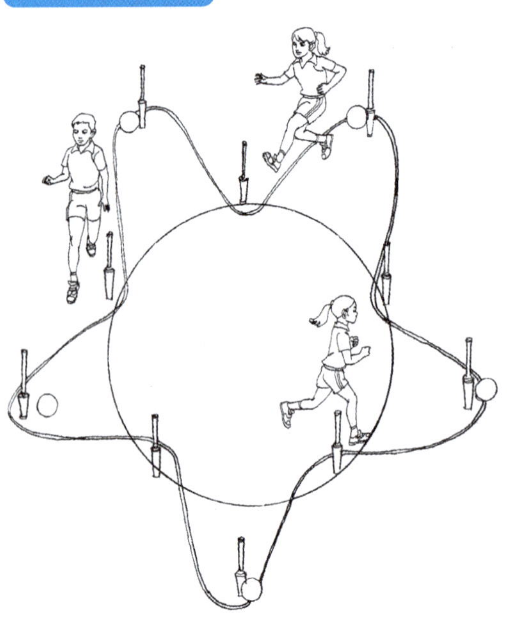

★ 花鹿过河

目标： 提高学生的灵敏素质。

方法： 设置 6～8 道橡皮筋，每道橡皮筋大约间隔 60～80 厘米，橡皮筋约长 1.5～2 米，学生单（双）脚交互跳越橡皮筋。

要求： 不要触碰橡皮筋。

★ 青蛙过河

目标：锻炼学生的腿部力量。

方法：学生用蹲跳的方式，跳越橡皮筋。学生保持半蹲姿势往前跳，着地时脚尖先着地，膝盖微屈。

要求：蹲跳要充分用力。

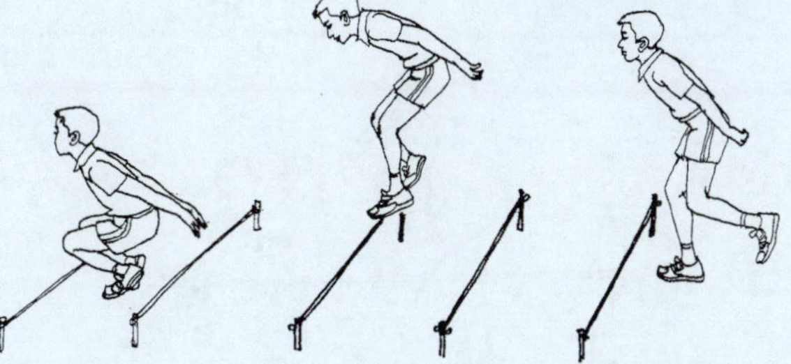

★ 飞跃羚羊

目标：锻炼学生的腿部力量。

方法：教师可改变橡皮筋的高度和间距。从单、双人的练习到团体竞赛练习。橡皮筋除了平行排列外，亦可交叉、垂直或成“井”字形排列。

要求：跳越落地时，脚尖先着地。

★ 跳橡皮筋追人（一）

目标：锻炼学生奔跑的能力和灵敏性。

方法：四人一组，两个游戏者站在橡皮筋内，两腿分开同肩宽，用两膝关节处扯橡皮筋，对面站立。另两个游戏者在橡皮筋两侧，以身体左侧侧对橡皮筋站立（如图1）。游戏开始，两个跳者马上做跳橡皮筋动作：1. 左脚向左上方后踢小腿，再向右下摆缠绕橡皮筋落地（如图2）。2. 右脚经左脚前挂左脚前的橡皮筋，再用右脚腕钩挂左脚后的橡皮筋，再经左脚前把右脚落回原处，同时身体左转90度，再右转90度（如图3）。3. 两脚跳起，两小腿在空中后抬向左摆，脱掉缠绕在小腿和挂在脚腕上的橡皮筋落地（如图4）。这时，按逆时针快跑绕过扯橡皮筋者身后，跑到对方起点处再做上述的动作，如此追逐下去。这样两人互相追逐，追上他人者为胜，被追上者为失败。

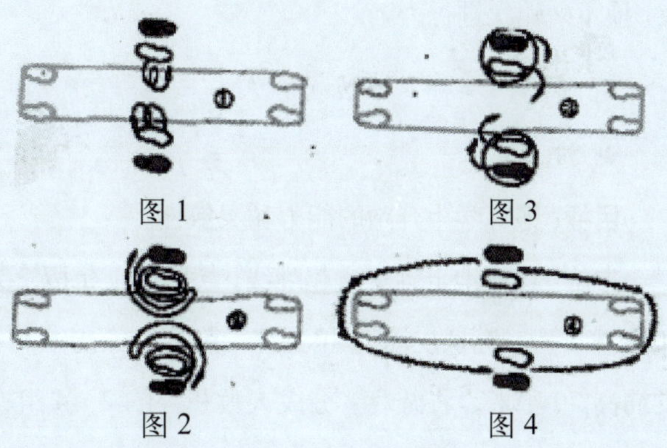

要求：必须听到开始的信号后才能做动作，否则重做。在跳橡皮筋的过程中，跳错者重跳，否则为失败。

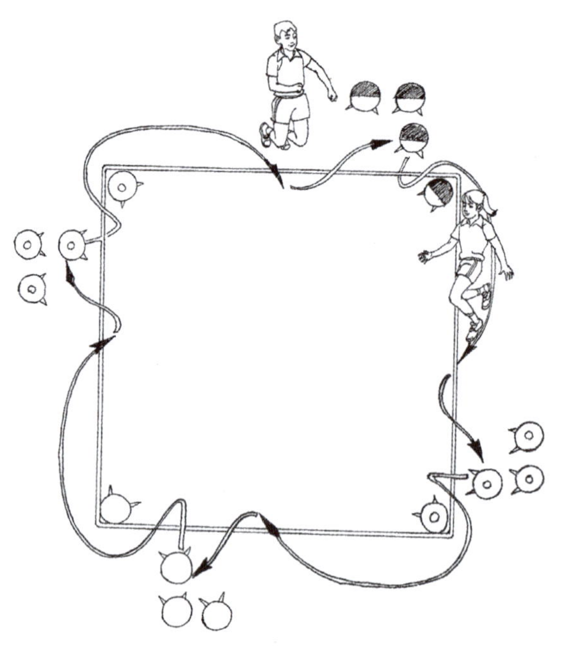

★ 跳橡皮筋追人（二）

目标：锻炼学生奔跑的能力和灵敏性。

方法：把游戏者分成人数相等的四组，从四个组中抽出一人，在皮筋内把皮筋拉扯成正方形。各组成一路纵队站在本组拉扯皮筋者的右边。游戏开始，组织者发令后各组排头右脚跳进皮筋内，左脚也跳进皮筋内，右脚跳出皮筋外，左脚也跳出皮筋外，这样依次跳进跳出。紧接着按顺时针方向快跑到下一边皮筋外，做同样的动作。依次跑下去，并力争动作迅速追拍前一人，一旦拍到就为本组夺取 2 分，被拍到者不得分。接着轮换各组下一人继续进行，最后以得分多的组为胜。

要求：必须按规定的动作和顺序跳；发出信号前，不能做动作或跑；追拍时不得猛推猛拉；在规定的时间内未能追上他人，又未被他人追上者得 1 分；游戏进行中，有一人追上他人时，本轮结束，换下一轮次进行。

★ 过五关

目标：锻炼学生奔跑的能力和灵敏性。

方法：在场地上画一道起跳线，起跳线前每隔 2 米拉一道橡皮筋，共拉 5 根。第一道橡皮筋高 30 厘米，第二道橡皮筋高 40 厘米，第三道橡皮筋高 50 厘米，第四道橡皮筋高 60 厘米，第五道橡皮筋高 70 厘米。将游戏者分成人数相等的 2～4 组，各组成一路纵队站在起跳线后。组织者发令开始游戏后，各组排头用双脚依次跳过每道橡皮筋，全部跳过者，为本队得 5 分。每触及橡皮筋一次，算有一关没有过，扣 1 分。排头跳过三道橡皮筋时，第二人开始跳。依次进行，以得分多的队为胜。

要求：必须按照规定的方法跳，跳错一道扣 1 分；不得触及橡皮筋，触及一次扣 1 分。

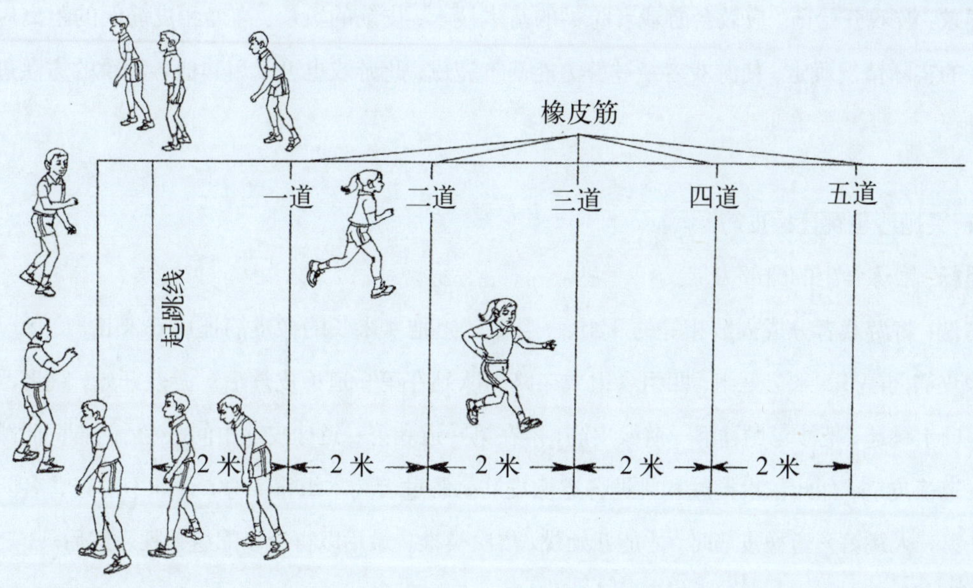

★ 跨栏迎面接力跑

目标：锻炼学生奔跑的能力和灵敏性。

方法：在场地上画一道起跳线，离起跳线 7 米处拉一道橡皮筋，之后每隔 5 米拉一道橡皮筋，共拉 4 根。橡皮筋高 50 厘米。离最后一道橡皮筋 7 米处再画一道起跳线。准备接力棒 2～4 根。将游戏者分成人数相等的 2～4 队。每队再平均分成甲乙两组，在场地两端成一路纵队，对面站立。游戏开始，组织者发令开始游戏后，各队甲组排头手拿接力棒快跑，用跨栏动作跨过四道橡皮筋，到对面将接力棒交给本队乙组排头，自己站到乙组队尾。乙组排头接到接力棒后，用同样的方法跑向对面。依次进行，以先跑完的队为胜。

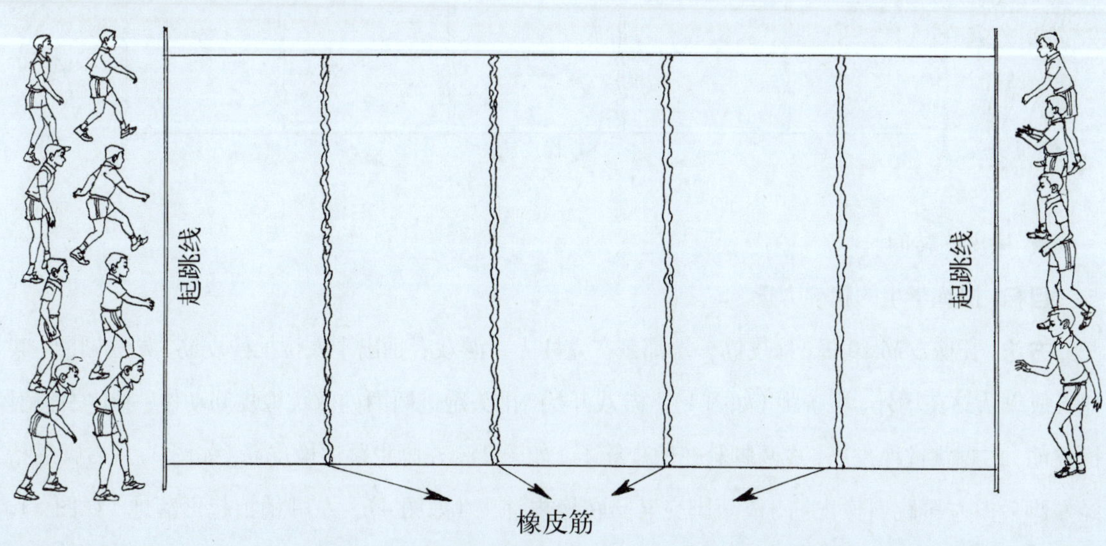

追逐游戏

要求：游戏开始前，应教会游戏者跨栏的基本技术；皮筋的数量、高度和皮筋间的距离应根据游戏者的实际情况确定，使游戏者经过努力能基本完成；此游戏也可以用其他各种跳的方法进行游戏活动。

★ 夹抛沙包跳过橡皮筋

目标：锻炼学生的腿部力量。

方法：将游戏者分成人数相等的4组，一组、二组把4米长的橡皮筋扯成6米长，高50厘米，每道橡皮筋间隔1.5米。三组、四组各组成二路纵队站在第一道橡皮筋后。游戏开始，跳者两脚夹住沙包向上跳起，把沙包抛过第一道橡皮筋，落在第一道和第二道橡皮筋中间，然后两脚同时跳起跳过第一道橡皮筋，如此依次抛过和跳过各道橡皮筋。跳过者为本组得1分，否则不得分。各队第二人要在第一人跳第三道橡皮筋时，才能开始跳，依次类推。最后以得分多的组为胜。然后一、二组与三、四组轮换。

要求：每次只能抛过一根橡皮筋，沙包不能碰着任何一根橡皮筋，必须落在两根橡皮筋之间；起跳时，必须双脚同时起跳，而身体任何部位都不能触及橡皮筋。

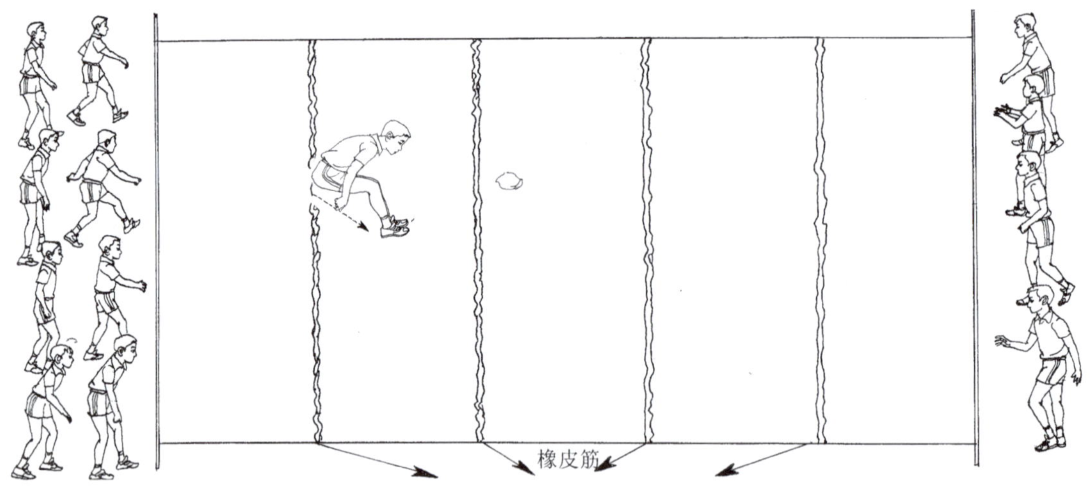

★ 橡皮筋转圈

目标：锻炼学生的腿部力量。

方法：长橡皮筋10根，橡皮筋一端都系在立柱上。游戏者抽出十人拉扯橡皮筋，站成圆圈，其他人成纵队站在场外，准备跳（如图1）。游戏开始，排头跑进圆圈内做跳橡皮筋动作：身体右侧对橡皮筋，右脚跳过橡皮筋，成两脚骑在橡皮筋上（如图2），左脚也跳过橡皮筋（如图3）。右脚后抬经左脚后向左再跳回橡皮筋，成两脚交叉骑在橡皮筋上（如图4）。左脚稍抬起再落地（如图5）。

右脚后抬小腿再跳过橡皮筋（如图 6）。左脚向左跳回橡皮筋（如图 7）。右脚向左也跳回橡皮筋（如图 8）。最后两脚跳过橡皮筋转到第二根橡皮筋处，继续完成前几个动作。这时，第二人跟进到第一根橡皮筋处，做同样的跳橡皮筋动作。游戏者不断跟进，转移至跳完最后一根橡皮筋后，依次退出场外，换扯橡皮筋者跳。

要求：凡是完成一轮者为胜；必须按照动作的顺序和动作要求跳，否则为错。

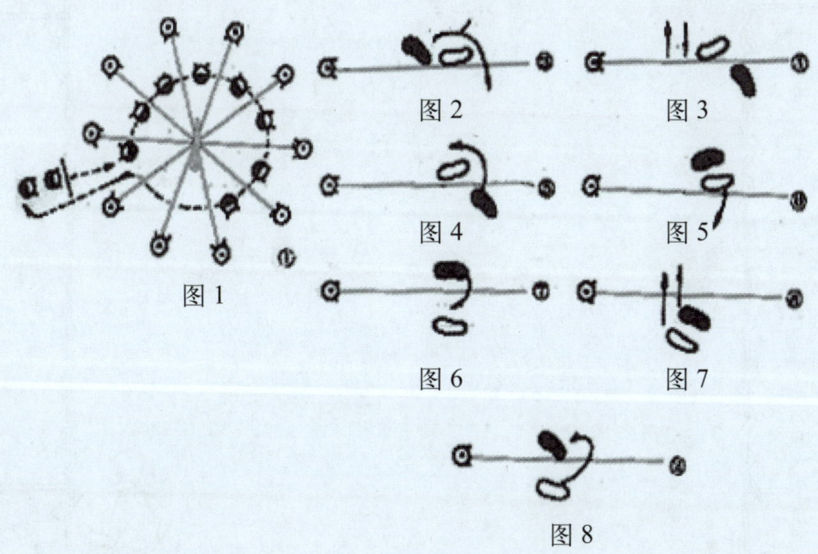

图 1　图 2　图 3　图 4　图 5　图 6　图 7　图 8

★沿橡皮筋跑

目标：锻炼学生的腿部力量。

方法：将游戏者分成人数相等的四组，从四个组中各抽一人，在橡皮筋内将橡皮筋扯成边长 7 米左右的正方形。橡皮筋的高度为 50～80 厘米。在扯橡皮筋者两侧 1 米处各画一限制线，为限制区。游戏者在扯橡皮筋者右边，离橡皮筋 1 米处，成一路纵队站立（如图）。听到游戏开始的信号后，各组排头立即双脚向前跳起踩橡皮筋，然后迅速沿橡皮筋按逆时针方向快跑，跑到另一个限制区前，跳下橡皮筋落在限制区内，从外绕过扯橡皮筋者，不出限制区再两脚跳起踩橡皮筋，依次类推去追拍前面的人。追上他人为本组得 2 分，被追上者不得分。如果在规定时间和圈数内没有追上他人，也没有被他人追上者为平局，为本组得 1 分。第二人用同样的方法去追拍他人，最后以得分多的队为胜。

要求：必须听到信号后才能行动；开始和出限制区时，必须双脚同时起跳，否则为失败；在沿橡皮筋跑的过程中，必须踩着橡皮筋跑，否则为失败；不跑的游戏者，不得阻挡对方，阻挡对方算本组失败；追上他人后，不得猛推、猛拉和重拍。

追逐游戏

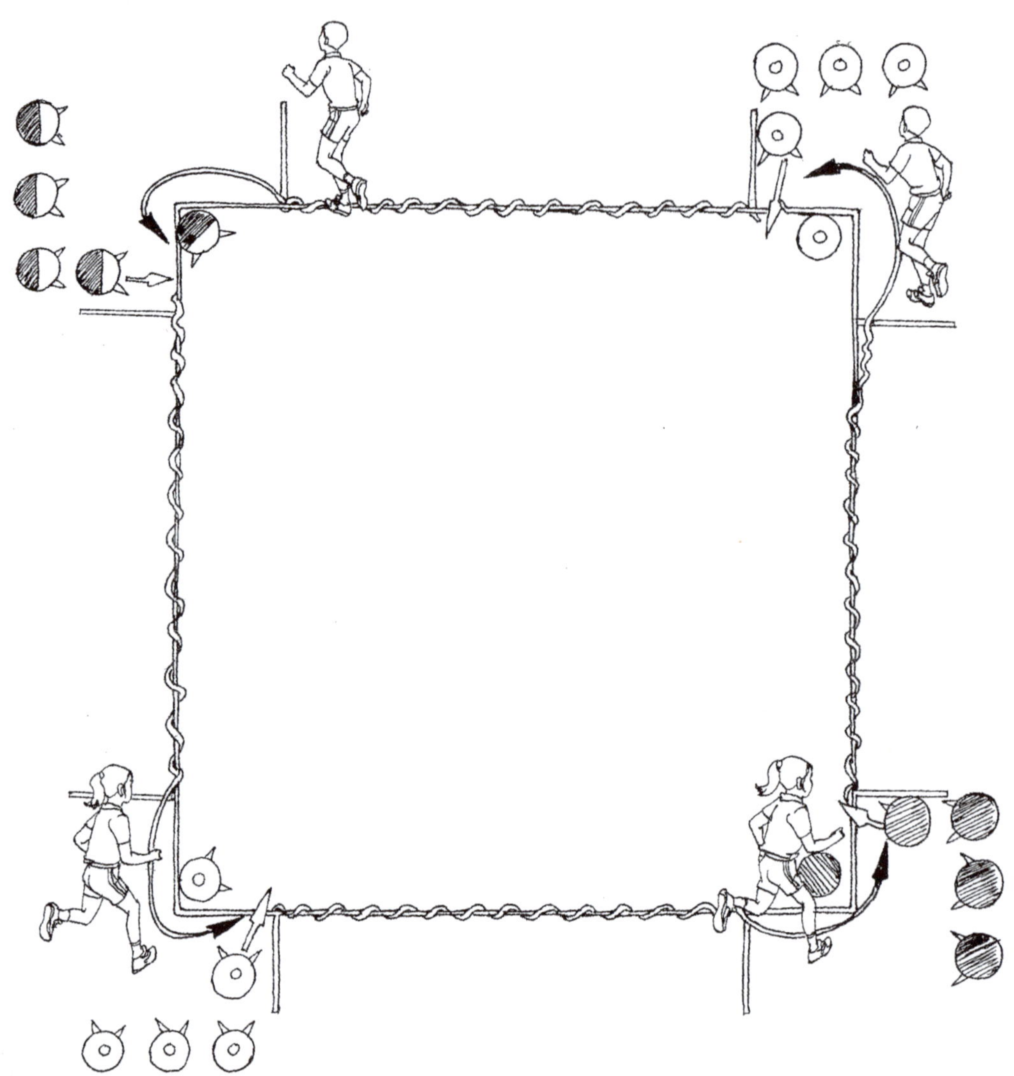

跨越游戏

★ 跨越橡皮筋比赛

目标：发展学生的跳跃能力，增强腿部力量。

方法：学生分四组，由预备区出发。跨过三组橡皮筋后，向左绕过标旗，再跨过三道橡皮筋，跑回预备区。

要求：障碍物及间隔距离可视学生体能状况调整。

跨越游戏

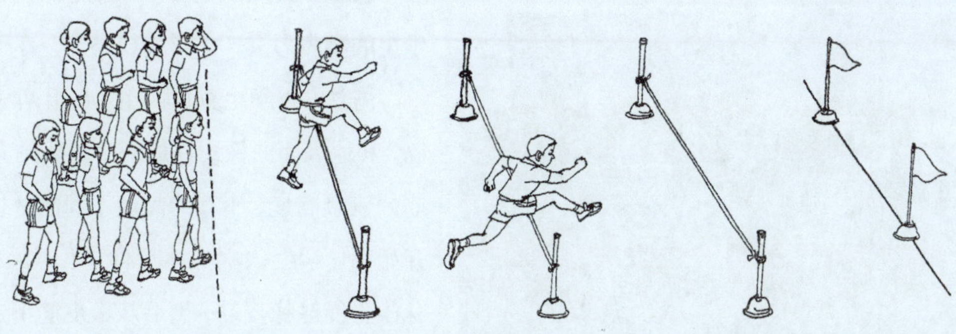

捕　鱼

目标：发展学生单双脚的跳跃能力以及身体协调能力。

方法：将学生分成若干小组，每组 10～15 人，根据学生的人数在场地上画出一定范围作为“池塘”，方形、圆形都可以。选择两人做“捕鱼人”，腿上系一根橡皮筋作为“渔网”，其余学生扮成“小鱼”分散在“池塘”里。游戏开始后，“捕鱼人”进入池塘，通过走、跑进行“捕鱼”，而“小鱼”用单脚起跳或双脚起跳，越过橡皮筋，即为“鱼”跳网成功。

要求：橡皮筋的高度可根据实际情况进行调整，也可增加难度，逐步增加“渔网”。在游戏中“鱼”不得碰到“网”，也不得出“池塘”，否则就视为“捕鱼”成功，并自动进入预设的“鱼笼”里，等待游戏重新开始。（这个游戏也可以进行两组间的比赛，看哪组在规定时间内捕到的“鱼”多，多者为胜。）

后仰过橡皮筋

目标：锻炼学生身体柔韧、协调性，发展学生的腰腹力量。

方法：将学生分成四组，每组两人拉橡皮筋，其他人面向橡皮筋成一路纵队站立。橡皮筋分三个高度，不同的高度不同的分值，游戏开始后，学生依次身体后仰，手不触地或腿、身体不能触橡皮筋，然后从橡皮筋下走过，最后得分最多的队为胜。

要求：身体后仰通过橡皮筋，身体和手不能扶任何东西。

跳橡皮筋

目标：锻炼学生的协调能力。

方法：四人一组，其中三人把橡皮筋套在各自的小腿处站成等边三角形，一人在中间跳。跳的方法可自选，可先用右脚踝勾住三角形的一条边，然后左脚跟进去，接着右脚跳出来，左脚跟着也跳出来。如此连续跳三次，一条边跳完后，小跑步到第二条边、第三条边上跳，方法同前。就这样顺着三角形跳，边跳边念儿歌，当跳念到"一百零一"时，与角上小伙伴对换，换上的小伙伴用同样的方法跳。当全部完成后可将橡皮筋高度调高。

要求：在跳的过程中，如果被橡皮筋勾住脚脱不掉，就得停下换别人跳。必须按儿歌节奏，顺着三角形跳。

儿　歌

小皮球，小小来，落地开花二十一，

二五六，二五七，二八二九三十一，

三五六，三五七，三八三九四十一，

跳橡皮筋

四五六，四五七，四八四九五十一，

五五六，五五七，五八五九六十一，

六五六，六五七，六八六九七十一，

七五六，七五七，七八七九八十一，

八五六，八五七，八八八九九十一，

九五六，九五七，九八九九一百零一。

猫捉弹跳鼠

目标：锻炼学生快速反应，变向快跑及躲闪能力。

方法：将学生分成四组，每组两名学生在中间，一名学生扮“猫”，一名学生扮“老鼠”，其余人围成圆形，并把橡皮筋撑开。游戏开始，“猫”追拍“老鼠”，追拍到后两人互换角色，“老鼠”逃跑时可去贴橡皮筋，“老鼠”左边的人代替“老鼠”弹出逃跑。一个人被捉到三次将接受“惩罚”。

要求：追逐时不准推、拉人，只能轻拍；替跑人在橡皮筋没有离开身体时不能跑出。互换角色时“老鼠”走出三步后，“猫”才能追。

皮筋传递

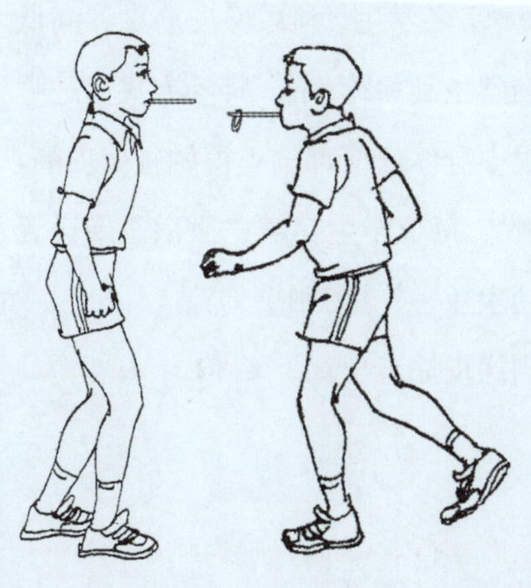

目标：锻炼学生身体灵敏、协调性，培养学生团结协作的精神。

方法：将学生分成若干组，每组学生排成一排，站在地上或（凳子上）。给学生发一支吸管衔在嘴里，给第一位学生的吸管上套一个橡皮筋，要求第二名学生用吸管接住后向下传。第三名学生接住后再往下传……直到传到最后一名学生。而另外的小组学生除了不能肢体接触外，可以用任何办法进行干扰。如果橡皮筋掉了的话，就要重新开始。一组传完后，两组学生交换角色。

要求：传递的学生不能用手接触皮筋，进行干扰的小组不能肢体接触传递的学生。

勇敢者道路

目标：锻炼学生身体的灵敏、协调能力，提高下肢爆发力。

方法：两人一根橡皮筋，利用 5～7 根橡皮筋形成一条“勇敢者道路”。两人面对面站立，相距一定距离，在橡皮筋中央挂上沙包或海绵球，利用橡皮筋的弹力让其上下跳动，其余学生快速穿越过去，以不碰到橡皮筋者胜。

要求：穿越者可在中间适当停留。碰到橡皮筋者与拉橡皮筋的同学交换角色。

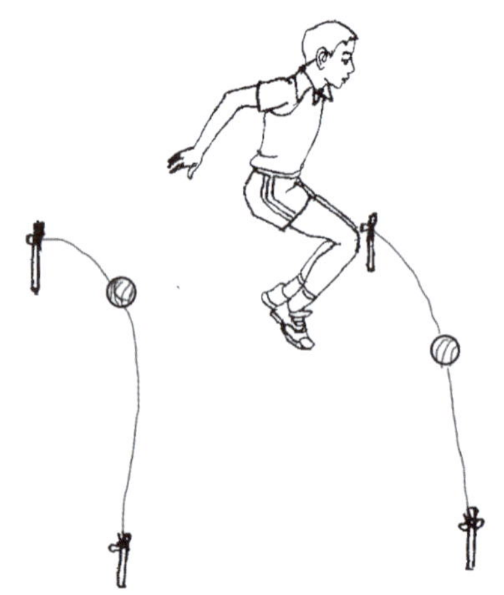

穿越火线

目标：锻炼学生身体的柔韧性和灵活性。

方法：每组 5～7 名学生，利用橡皮筋设置高低不同的障碍，一名学生利用跨、钻、爬等方式穿过障碍通道，穿越过程中身体任何部位不得触碰橡皮筋，否则就算穿越失败。每位学生穿越一次后重新设置障碍，最后看成功次数，多者获胜。

要求：触碰到橡皮筋者出局。

旋转木马

目标：锻炼学生跳跃能力和灵敏性。

方法：长橡皮筋10根，一端固定在跳高架上。10名同学一人一根橡皮筋拉好，站成圆圈，其他同学纵队站在场外。游戏开始后，排头跑进圆圈内开始跳跃，10名拉橡皮筋的同学开始朝顺时针方向匀速运动，圈内跳跃的同学在原地跳跃过橡皮筋，触碰到橡皮筋的同学算失败，出圈。橡皮筋转动的速度根据老师的口令不断变换。

要求：必须在原地进行跳跃。一分钟内没有触碰橡皮筋的同学获胜。

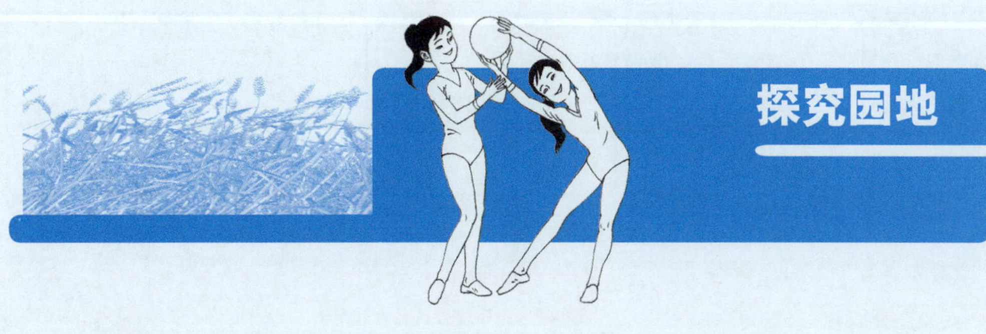

探究园地

想一想

你掌握了几种跳橡皮筋的练习方法？

还有什么其他的跳法吗？五彩的橡皮筋是否给你带来了运动的乐趣？想象一下，创编几节橡皮筋操，再配上喜欢的音乐，试一试吧。

★ 测一测，你练习后的效果如何？

等级 项目	没提高	有所提高	提高很多
手臂力量			
腿部力量			
弹跳力			

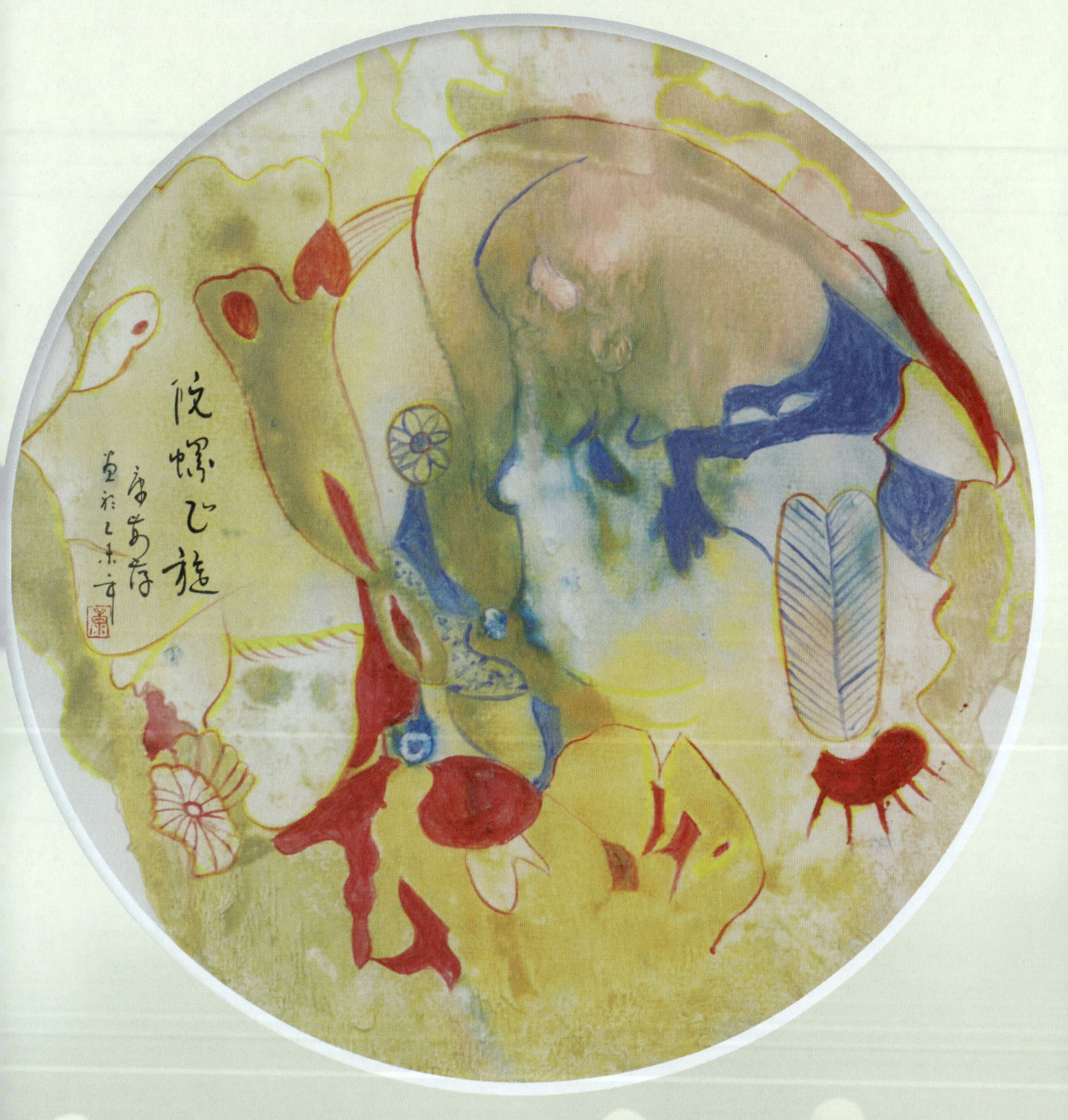

陀螺飞旋

陀螺游戏历史悠久，它起源于云南拉祜族。主要特点是“旋”和“准”。它的玩法是用鞭子连续抽打陀螺使其在冰面、平滑地面上不停地旋转，或相互碰撞看谁的陀螺旋得密、旋得久。

陀螺飞旋

陀螺游戏历史悠久，是一项深受青少年喜爱的体育活动项目。它起源于云南拉祜族，主要特点是“旋”和“准”。它的玩法是用鞭子连续抽打陀螺使其在冰面、平滑地面上不停地旋转，或相互碰撞看谁的陀螺旋得密、旋得久。

运动园地

抽陀螺

目标：发展上肢力量，培养学生灵活性。

方法：在抽陀螺前先把绳子绕在陀螺的上端，然后放在地上把绳子用力往后拉，使陀螺直立在地上旋转，再用鞭子有力地猛抽，抽得越猛，旋转的速度就越快。每人一个陀螺，在篮球场上比谁的陀螺转得快、转的时间长。

要求：在抽陀螺时要用力猛抽，停顿时间不能长，身体重心下移，膝关节弯曲，要抽陀螺的下半部分。

陀螺和俯卧撑

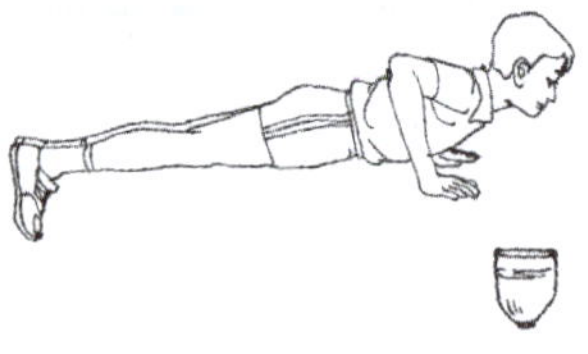

目标：提高学生抽陀螺的技术，增强手臂和腰腹力量。

方法：抽几下陀螺使之快速旋转，然后男同学做 10 次、女同学做 5 次俯卧撑，交替进行。男女循环交替两次，然后下面同学接下去练习，循环往复。

要求：动作协调，配合连贯，减少失误。

两人交换抽陀螺

目标：提高学生互动配合、判断能力。

方法：一人把陀螺抽旋转起来后，另一位同学等陀螺旋转速度慢下来再抽几下，使它再次快速旋转。两人交替练习，两人一组搭配抽一只陀螺。

要求：技术好的同学帮助技术差的同学互动配合，共同提高。

循环接力比赛

目标：提高学生的准确率及判断能力。

方法：男女同学分成两组，在相距 10 米远的地方，一位同学把陀螺抽旋转起来后，另一位同学从 10 米远的地方迅速跑过去把即将停下来的陀螺猛抽三下后快速回来，接下去第三位同学再跑上去抽，依次类推，使陀螺不停地旋转。哪一组能使陀螺旋转的时间最长或者不使陀螺停下来为胜。

要求：使陀螺快速、连续不断地旋转起来。

看谁抽得多

目标：提高学生对抽陀螺的兴趣，锻炼学生的快速反应能力。

方法：几只同时旋转的陀螺不能有一只停下来，不受陀螺只数的限制，只要谁同时旋转的陀螺多，谁就获胜。

要求：反应快而不乱。

公转自转

目标：发展学生快速反应和团队协作的能力。

方法：学生围成一个圈，把各自的陀螺都抽旋转起来之后，逆时针方向跑向下一个同学的陀螺前抽打陀螺使其继续旋转，陀螺不停自转，学生绕着圆圈公转。

要求：快速跑向下一个位置，配合连贯。

奔跑抽陀螺

目标：提高学生抽陀螺的准确率，发展下肢力量。

方法：陀螺转起以后学生要完成25米往返跑。回到起点时，陀螺不能停止旋转。

要求：抽打准确、有力，奔跑快速。

大力水手

目标： 培养学生抽打陀螺时力量的控制。

方法： 在场地上画一个正方形，一分钟内抽打陀螺，陀螺不能转出所画的正方形。

要求： 控制手臂力量，陀螺不能超出规定范围。

过障碍

目标： 使陀螺腾空越过各种障碍，提高学生兴趣。

方法： 鞭子用力抽打陀螺下部，使它离开地面腾空越过各种障碍，看谁最先把陀螺抽到终点。

要求： 抽打要用力。

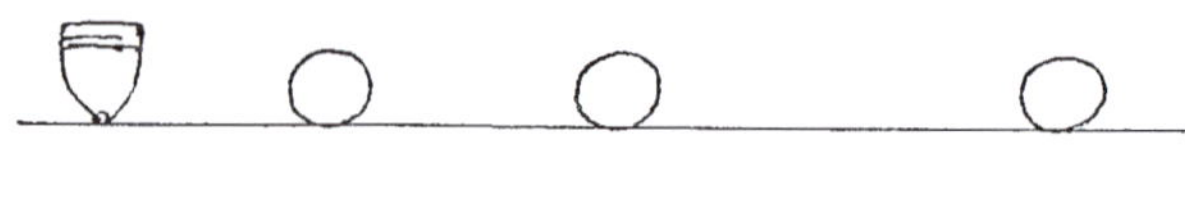

对抗打陀螺

目标： 提高学生打击陀螺的命中率，以最快时间把守方的陀螺碰出界外。

方法： 在一块平整的地面上设有放陀区和打陀区，守方将陀螺旋放于放陀区，待陀螺旋转稳定后，攻方站在打陀区扔出自己旋转的陀螺去打击放陀区的守方陀螺。以将守方陀螺击倒或者碰出界外，而自身保持旋转者为胜。

要求： 要打得准和狠，以将守方陀螺碰出线外为胜。

陀螺过山洞

目标：提高学生互相配合的能力。

方法：两人一组轮流对陀螺进行抽打，让陀螺不断保持快速旋转并前进通过“小山洞”。

要求：每人每次只能抽一下陀螺，两人相互配合。

陀螺竞跑

目标：提高学生抽陀螺的技术和方向感。

方法：陀螺旋转起来之后，学生在规定跑道内前进，看谁最先到达终点，可设置不同的距离进行比赛。

要求：快速不断地抽打陀螺。

陀螺保龄球

目标：发展学生上肢力量，提高控制陀螺的能力。

方法：抽打陀螺不停旋转，控制陀螺撞击保龄球瓶，看看在规定时间内能打倒几个保龄球瓶。

要求：准确抽击陀螺中前部，身体协调。

陀螺跳远

目标：提高学生抽击陀螺的准确率以及判断能力。

方法：在场地上画上一排间距相等的小方块，学生抽击陀螺底部而使其腾空越过小方块。

要求：准确抽击陀螺底部，陀螺不要进入小方块区域内。

陀螺跳高

目标：增强学生上肢力量和提高身体协调性。

方法：将一个车胎平放，学生使陀螺前进到离车胎一定的距离，利用准确的抽击使陀螺越过车胎（适合高年级学生）。

要求：抽击的部位准确，挥臂要快速。

陀螺穿越

目标： 增强学生上肢力量和身体协调性。

方法： 将学生分成若干组，将一个车胎立放，学生抽击陀螺使其前进到离车胎一定距离，利用准确的抽击使陀螺穿过轮胎。

要求： 抽击的部位准确，挥臂要快速。

看谁准

目标： 增强学生团队合作力。

方法： 每组以接力的方式抽陀螺，每人每次只能抽一下，没有抽到陀螺为失败，看哪组接力抽陀螺的次数多。

要求： 抽中陀螺，快而不乱。

你转我也转

目标： 发展学生下肢力量，提高身体平衡力。

方法： 鞭子用力抽打陀螺使其旋转，然后原地蹲跳自转一圈后，再抽打陀螺一次，不断交替，看谁的陀螺旋转的时间长。

要求： 动作规范，保持平衡。

跳跳乐

目标： 培养学生抽击陀螺的感觉，增强学生下肢力量。

方法： 两名同学一组，一名同学抽击陀螺使其旋转，另一名同学在陀螺周围做单脚的左右侧跳或双脚的前后跳跃，看看能不能坚持到陀螺停下。

要求： 在跳跃的过程中不得中途换脚。

砸陀螺

目标： 培养学生抽击陀螺的感觉，增强学生上肢力量和投掷准度。

方法： 三人一组，一名同学抽击陀螺使其旋转，另两名同学在陀螺周围利用海绵球对陀螺进行投掷，看谁先把陀螺砸停下。

要求： 在投掷的过程中尽量做到快速挥臂和准确性。

为陀螺遮阳

目标：增强学生上肢力量和身体协调性。

方法：两人一组，一名同学抽击陀螺使其旋转，另一名同学在陀螺正上方利用俯卧撑动作为陀螺撑起一顶“伞”。并且随着陀螺的移动进行移动，比比谁能保护好小陀螺。

要求：不能使陀螺转到身体外面。

击掌俯卧撑

目标：增强学生上肢力量和身体协调性。

方法：两人一组，一名同学抽击陀螺使其旋转，另一名同学在陀螺侧方利用击掌俯卧撑动作练习手臂力量，在规定时间内看谁的击掌次数多。

要求：克服困难，击掌次数越多越好。

轮流抽陀螺

目标：增强学生上、下肢力量。

方法：2～4 人一组，一名同学抽击陀螺使其旋转，接着从陀螺上方跳过，然后排到最后，依次进行练习，尽量不要使陀螺停下。

要求：想象多种跳跃方式越过陀螺，身体不得触碰陀螺。

跟着陀螺起舞

目标：增强学生手腕力量。

方法：2～3 人一组，一名同学使陀螺快速旋转，另两名同学在陀螺的边上，跟着陀螺的转速转动手腕，同伴间交替进行。

要求：抽击的部位准确，手腕转动快速。

陀螺追踪器

目标：增强学生上肢力量和反应速度。

方法：两人一组，一名同学在前面慢速走动，可以不断改变方向，另一名同学驱赶陀螺追踪前面的同学。

要求：抽击的部位准确，走位灵活多变。

健身园地

抽陀螺是一项老少皆宜，人人喜欢的群众性运动项目，场地、器材和技术要求都很低，普及性较高，很适合作为社区健身和娱乐的运动项目。

抽着陀螺上斜坡

目标：培养学生判断、思考的能力。

方法：利用斜坡道路看谁把陀螺最先运动到预先设定的最高点。

要求：尽量抽陀螺的下半部分，使其上斜坡。

陀螺舞

目标：提高学生互相协调配合及快速反应的能力。

方法：学生抽打各自的陀螺让其不停旋转，根据教师的口令，一边抽打陀螺一边进行不同的图形变化。

要求：快速、连续地让陀螺旋转起来，反应快。

赶陀螺接力

目标：发展学生的灵敏素质，提高协调能力。

方法：将学生分成若干组，从起点开始，将陀螺赶到设定的目标处，然后换另一位学生接力。

要求：低年级的同学在接力时可以在陀螺静止状态下接力。高年级的同学尽量使陀螺在不停的状态下完成接力。

抽击陀螺绕杆

目标：发展学生的上肢力量以及对陀螺的控制能力。

方法：从起点处开始，放置2～3个障碍物，学生抽击陀螺绕过障碍物，到达另一处（适合高年级同学）。

要求：陀螺不能停止旋转，并且不能碰到障碍物，越快到达目的地越好。

陀螺 4×10 米接力

目标：发展学生的上肢力量，培养学生的团队合作精神。

方法：从起点处开始，使陀螺向前运行到第一名接力队员处，接着依次完成四位同学的接力，到达终点（适合高年级同学）。

要求：在接力过程中陀螺不能停止，保持动作的规范，越快完成接力越好。

套陀螺

目标：培养学生团队合作的意识，提高上肢力量。

方法：两人一组，一名同学抽击陀螺使其旋转，抽击陀螺的同学规定另一名同学的站位，让他在规定位置套陀螺，比一比看谁套得准。

要求：抽击的同学使陀螺转得越快越好，给套陀螺的同学增加难度。

钻山洞

目标：培养学生团队合作的精神和发展上肢力量。

方法：两人一组，一名同学抽击陀螺使其旋转，穿过另一名同学利用俯卧撑姿势做的“桥洞”。

要求：抽击的同学使陀螺转得越快越好。

陀螺足球

目标：培养学生团队合作精神，发展身体协调性。

方法：四人一组，一块场地两组进行竞赛。第一名同学使陀螺旋转并且往前传递给同伴，必须经过每个人的手之后，使陀螺进到门内，传递次数不限。

要求：每人抽击陀螺的次数不限，一旦陀螺不旋转就算失败，换对方进攻。

探究园地

教具制作

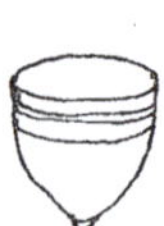

★ **材料：**

陀螺用直径约 5 厘米的硬质木头一块，下面镶有铁尖。鞭子用一根约 30 厘米长、2 厘米直径的圆木系上一根 30 厘米长的棉纱绳。

★ **功能：**

娱乐和趣味性强，能锻炼学生的手臂力量，对学生有很强的吸引力。

想一想

鞭子为什么要抽在陀螺的下半部分陀螺才会旋转？鞭子抽打在陀螺的上半部分会是什么样的？

运动原理

你知道陀螺的运动原理吗？

我们知道陀螺的底是非常小的，不容易站立，在静止的状态下它是倒下的。只有当它转起来的时候才能够站立起来，所以我们必须要给它一个外力。我们用鞭子或者绳子去打它，使它受到外力的作用，从而可以旋转起来。告诉大家一个小秘密，陀螺只有在转得快的时候才会稳定，反之则很不稳定哦。

制作简易陀螺

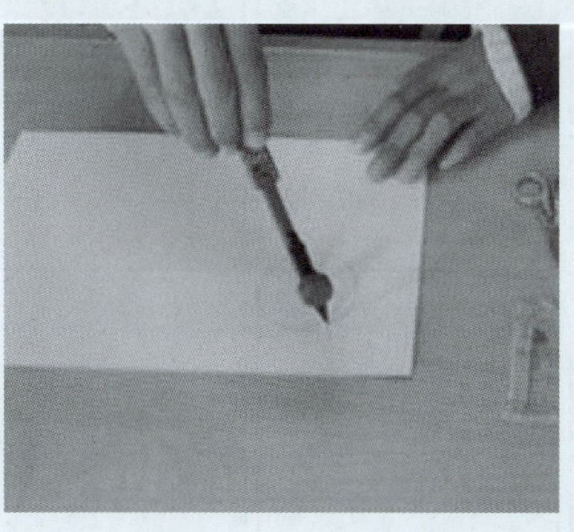

制作简易陀螺

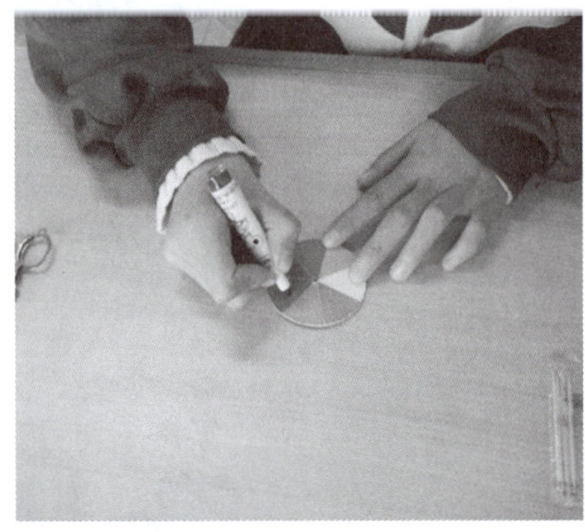

想一想

如果给你一张废弃的光盘，你能做一个陀螺吗？

测评园地

★ 你会创编几种陀螺游戏？

情感体验 原因	很喜欢	一般	不喜欢

柔力沙包

沙包以独特的形状魅力、以柔柔的手感和不同质感、形式多样的游戏方式，经常出现在学校体育活动中，深受学生喜爱。在教学中，学生可以自己制作各种不同规格的花样沙包，让学生的思绪通过自己的实践去体现。

柔力沙包

沙包以独特的形状魅力、柔柔的手感和不同的质感、形式多样的游戏方式经常出现在学校体育活动中，深受学生的喜爱。同时，学生可以自己动手制作形状各异的沙包，不亦乐乎。

运动园地

抛接沙包

男同学用 500 克沙包，女同学用 250 克沙包为宜。

目标：增强上肢力量，提高学生空中接沙包的感觉。

方法：用单手握住沙包由下至上抛出，右手上抛左手接，左手上抛右手接，接沙包时要有缓冲动作。

要求：尽量把沙包往上抛，下接时手臂上引缓冲。

双手向前掷沙包

目标： 提高学生的力量素质及用力的协调性。

方法： 面对投掷方向，两脚前后开立，身体重心落在后腿上，两膝微屈，双手举沙包至头的后上方，两臂自然伸直，然后利用蹬地、收腹、挥臂的力量将沙包用力由头后向前上方（斜上方 45 度角）掷出。

要求： 用力时要由下往上，蹬地送髋，挥臂用力向前上方掷沙包。

双手向后掷沙包

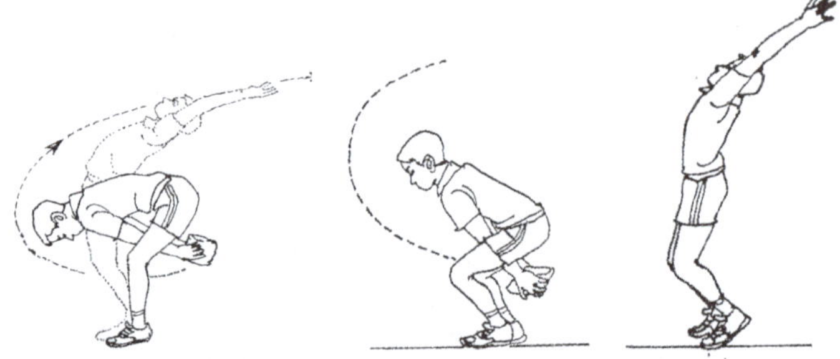

目标： 提高学生的力量素质及用力的协调性。

方法： 两脚左右开立，双手持沙包于体前，两腿下蹲使沙包接近地面，两腿用力蹬伸，上体迅速抬起，髋部前送，上体后仰两臂伸直用力向上挥摆，使沙包经头上向后上方抛出。

要求： 用力时要由下往上，蹬地送髋，两臂用力向后上方掷出沙包。

背沙包爬行

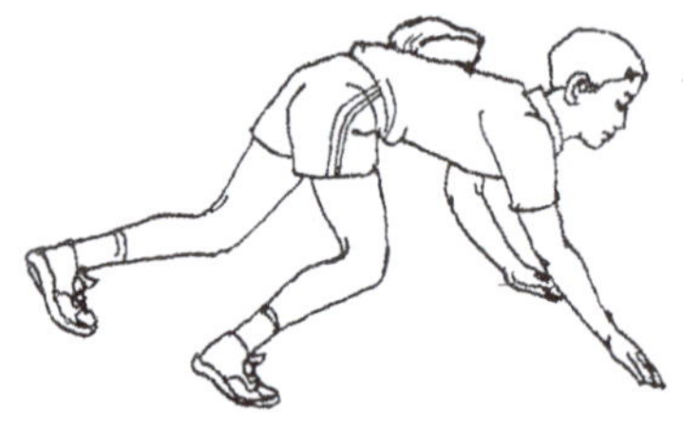

用 1500 克沙包为宜。

目标： 培养学生协调能力，增强四肢力量。

方法： 把沙包放在爬行同学的背上，在不掉下来的情况下，看谁爬行速度最快。男女同学各分成两组，先进行计时赛，然后进行接力赛。

要求： 沙包不能掉下来，手脚协调有力，背与地面平行。

脚背托沙包走

男同学用1000克沙包，女同学用500克沙包为宜。

目标： 增强下肢和踝关节力量，培养协调能力。

方法： 把沙包放在脚背上，利用脚后跟走路，在不掉下来的情况下，看谁走得快。

要求： 沙包在脚背上不掉下来。

头顶沙包

用1500克沙包为宜。

目标： 增强颈部、腰部和下肢力量，提高学生平衡能力。

方法： 把沙包放在额头上爬山坡或过障碍，还可以进行接力比赛。可以男女混合搭配分组进行，也可以男女分开。

要求： 注意身体平衡，两眼注视前方。

单足上抛沙包

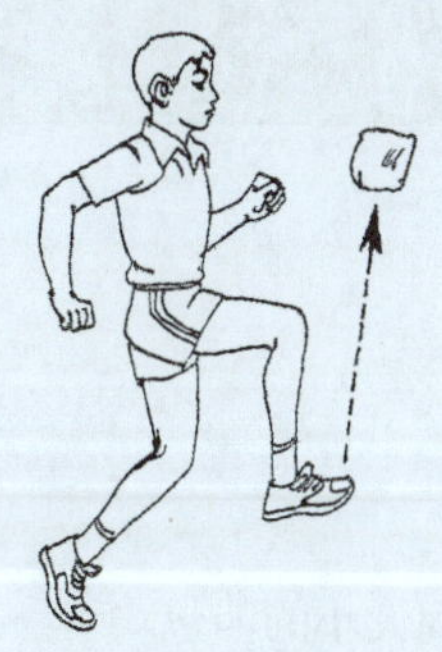

男同学用500克沙包，女同学用250克沙包为宜。

目标： 提高学生髋、踝关节及下肢力量。

方法： 把沙包放置于左（右）脚背上，一只脚离地，另一只脚支撑，摆动腿用力上摆把沙包抛向右（左）脚或抛向手上，也可以两人一组抛向对方同学。

要求： 支撑脚站稳，摆动腿迅速摆往前上方。

负重跑

用500克沙包为宜。

目标： 增强大小腿腿部肌肉及踝关节的力量，培养学生坚强的意志品质。

方法： 用布带把沙包绑在小腿上，负重跑步，能锻炼腿部肌群力量和心血管系统功能。

要求： 大腿用力上抬。

持沙包臂屈伸

用500克沙包为宜。

目标：增强学生上肢力量，提高肌肉的协调性，锻炼胸部肌肉和肱二头肌等。

方法：两脚左右开立与肩同宽，两手握住沙包，手臂屈伸或手臂伸直做扩胸运动。

要求：动作到位，扩胸有力。

过网接沙包

男同学用250克沙包，女同学用100克沙包为宜。

目标：发展学生跑动中的灵活性和判断力，培养学生相互合作精神。

方法：两名同学隔网（可拿羽毛球网代替）相对站立，一名学生向左前上方将沙包抛出，另一名学生根据沙包的高度、角度、速度迅速移动至该沙包落点将沙包接到桶里。抛沙包同学一左一右将沙包抛过网为有效。

要求：抛沙包者控制好沙包的方向、力度与速度，以跑动者移动2～3步为宜。接沙包者不能用手直接接沙包。

抢运粮食

不同材质、不同形状、不同大小的沙包均可。

目标：培养学生手、眼协调性以及组织能力。

方法：将所有沙包放在中间指定区域，将班级分为人数相等的几组。听到开始口令后，每组第一名学生迅速跑至规定区域以合适的（扛、夹、抓等）方式取一件“粮食”回到队伍，该组第二名学生出发，依次进行。规定时间内抢运“粮食”多者为胜。

要求：前一名学生返回，后一名学生才能出发。

螃蟹跳

用 250 克沙包为宜。

目标：发展学生的相互协作能力。

方法：班级分成人数相同的几组，每组学生左手搭在左侧同学的左肩膀上，右手搭在右侧同学右肩膀上，每相邻两人夹一个沙包，一列横队蹲在起点后，在起始线后做预备姿势。听到“开始”口令，队员同时蹲跳向前，队伍全部通过终点线为终止时间。按抵达终点线时间顺序排序。

要求：边跳边喊口号，跳跃过程中沙包不可落地。

传沙包

用 100 克沙包为宜。

目标：发展学生手、眼协调能力。

方法：学生手拉手围成圈坐下，由一名学生持沙包，听到口令，开始自左至右（逆时针）往下传递，传到最后一名，最后一名应立即起立，表示传递完毕。

要求：快速控制和传递沙包。

抖　包

男同学用 250 克沙包，女同学用 100 克沙包为宜。

目标：发展学生手、眼协调性。

方法：学生手持两个沙包站立，听到开始口令后，向上抛出一个沙包，当投出的沙包即将接住时，向上抖出第二个沙包。抖接一次为有效成绩。

要求：在规定区域内进行。

夹包子

用 200 克沙包为宜。

目标：发展学生身体协调性。

方法：将学生分为人数相同的几组，每组学生排成一队，第一名的学生站在起点线后，用两脚尖夹住沙包，两脚用力将沙包甩向正前方呼啦圈内。第二名学生动作相同，依次类推。沙包进呼啦圈多者为胜。

要求：前一名学生完成后，后一名学生再开始动作。

包行万里

用 100 克沙包为宜。

目标：发展学生的身体协调能力与协作能力。

方法：将学生分成人数相同的几组，成纵队站立。听到开始口令后，每组第一名学生双手举起沙包后经头上传给第二名学生，第二名学生向后传给第三名学生，依次传递，当沙包传到最后一名学生时，该学生迅速带沙包跑到队伍最前面站定后继续向后传。以这种方式循环进行，直至所有学生按开始顺序排列，所花时间最少者为胜。

要求：学生传递沙包时不能转身。

保龄球

用 500 克沙包为宜。

目标：发展学生的手眼协调能力。

方法：将学生分成人数相同的几组，每组第一名学生手持沙包站在起点线后，在起点线 4 米外把易拉罐按 3—2—1 的顺序从后至前排列成金字塔状。听到开始口令后，学生迅速用沙包砸向易拉罐，砸倒一个易拉罐记 1 分，小组累计积分。

要求：为保证稳定性，易拉罐内可适当装些沙子。

健身园地

沙包不但在体育教学和体育训练中起到辅助锻炼作用，还可利用住宅小区的道路、宽大的草坪和小区健身地，因地制宜地做一些趣味性强、达到健身目的体育项目。

快速手抓沙包

用 250 克沙包为宜。

目标： 提高学生反应、协调能力，增强手臂的力量。

方法： 直臂手抓沙包，放手后在沙包自由落地前，手快速抓住落下的沙包。先一只手练习，也可两手同时练习。

要求： 快速，手臂一定要伸直。

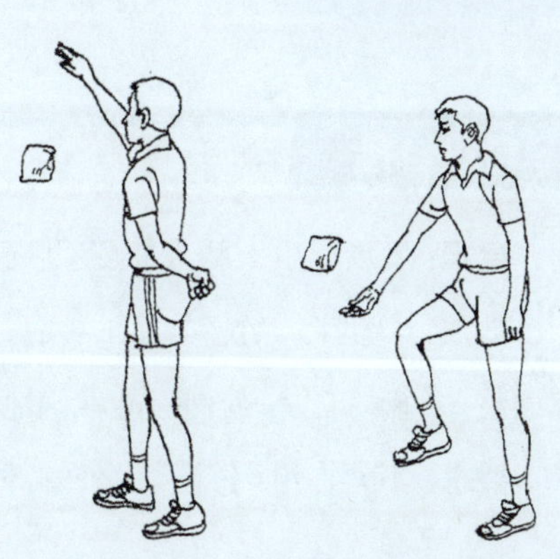

双手提物跑

男同学用 500 克沙包，女同学用 250 克沙包为宜。

目标： 发展速度、力量、耐力，培养学生锻炼的兴趣和毅力。

方法： 学生两手各抓一个沙包站在起跑线后，听到开始口令后，学生沿直线跑出 50 米左右，绕标志杆返回起点，按躯干抵达终点线顺序排序。

要求： 跑动中注意安全。

投 篮

目标：发展学生的身体协调能力、相互协作能力。

方法：学生两人一组，一名学生将“竹篮”拿在身前，另一名将沙包用力向前上掷出，拿“竹篮”的学生迅速跑动调整位置，使沙包落在“竹篮”内。

要求：不允许用“竹篮”以外的部位接沙包。

自投自接

目标：发展学生上肢力量及手眼配合能力。

方法：学生将“竹篮”背在背后，把沙包用力向上掷出后，迅速调整“竹篮”位置，使沙包能准确地落在自己的“竹篮”内。

要求：不允许用“竹篮”以外的部位接沙包。

海豚行

用 100 克沙包为宜。

目标：发展学生平衡能力，增强四肢力量。

方法：学生头顶沙包在起点线后准备，听到开始口令后，学生两臂交替前撑，拖着身体前移，直至两手移过终点线。

要求：移动过程中，腿不能用力，注意安全。

抛接换位

男同学用 250 克沙包，女同学用 100 克沙包为宜。

目标：发展学生反应能力。

方法：学生男女分组站成圆，每人右手持沙包。开始后，学生根据老师哨音的节奏，将沙包向右抛出，同时迅速观察左侧同学抛出的沙包并接住。

要求：沙包投掷注意力度、角度。

夹沙包象限跳

男同学用 500 克沙包，女同学用 250 克沙包为宜。

目标：发展学生的身体协调能力。

方法：在开阔地面划分四个象限。将学生分成人数相同的几组，每组第一名学生站在起点线后。听到开始口令后，学生迅速将沙包放至两腿之间，夹沙包跳跃前进 20 米左右，按顺序进行象限跳跃后夹沙包跳回，按躯干抵达终点线顺序排序。

要求：跳跃过程中沙包不能掉落。

两人投远练习

男同学用 250 克沙包，女同学用 100 克沙包为宜。

目标：发展学生用力的灵活性及准确性，培养学生投掷兴趣。

方法：两名学生间隔标志物相对站立，一名学生用左手将沙包投过标志物，另一名学生接住，并用同样的方法投过标志物。左、右手交替进行。

要求：学生与标志物的距离根据学生的身体素质而定。

转圈投沙包

男同学用250克沙包，女同学用100克沙包为宜。

目标：提高学生平衡能力及旋转后的方向识别能力。

方法：将学生分成人数相等的队伍，在投掷方位等距放置呼啦圈。学生在原点旋转一圈将沙包投掷至指定地点为成功。

要求：转速自由控制，主要是投准。

降落伞

目标：发展学生的上肢力量。

方法：把手帕的四只角用线绳扎在沙包上，一个简单的“降落伞”就做好了。随后学生手拿沙包，向上抛起，看谁的“降落伞”在空中的时间最长。

要求：垂直上抛，协调用力。

投　准

男同学用250克沙包，女同学用100克沙包为宜。

目标：培养学生控制能力和判断力，增强柔韧性和协调性。

方法：在任何一个平地上画一个得分目标，把参加练习的人分成3组，每组5~6人左右，每人投10次。每小组决出最高分，前两名者进入前六名的决赛。

要求：脚不能踩线；落在线上则以外延分值计。

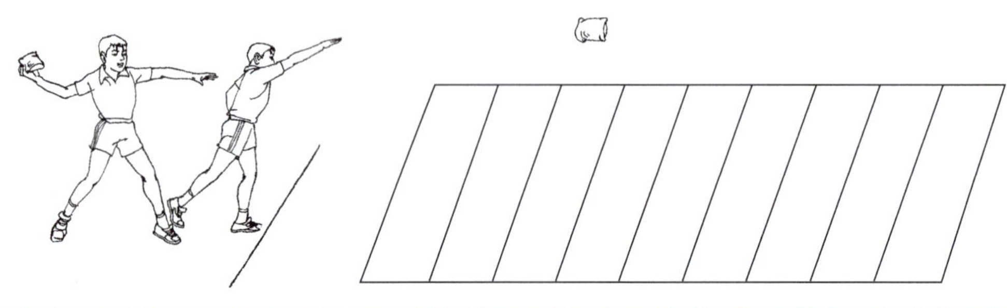

搭房子

用 50 克沙包为宜。

目标： 锻炼学生上、下肢肌肉的力量，提高协调性。

方法： 一人站在线上把沙包扔进分值格内，利用单足跳或蛙跳方式完成。

要求： 跳跃要连贯协调，脚不能踩线。

打击目标

用 100 克沙包为宜。

目标： 培养学生的灵敏、协调和判断力，提高身体素质。

方法： 把学生分成四组，男女各两组，在两块篮球场上进行。每组选派一人为打击手，站在线外，打击区内目标，被击中者出来一起协助打击手共同作战，直至目标打完，完成任务，重新开始。

要求： 被击中或跑出打击区时要出来协助打击手一起作战。

抛接练习

男同学用500克沙包，女同学用250克沙包为宜。

目标：培养学生的柔韧性和协调性，提高上肢肌肉力量。

方法：上抛高度根据力量大小而定，沙包不能落地，下接时有缓冲动作并及时上抛，动作要连贯，左右手交换练习。左手侧抛给右手，右手再侧抛给左手。

要求：沙包尽量往上抛，接下落的沙包时手臂要有缓冲。

负重接力游戏

男同学用1000克沙包，女同学用500克沙包为宜。

目标：提高学生力量、灵敏等身体素质。

方法：两手抱沙包接力比赛，男女各分成两组进行比赛。练习的学生手抱沙包以最快速度跑向终点传递给同伴。

要求：沙包不能抛向同伴，且不能掉地。

沙包障碍

用500克沙包为宜，沙包距离男同学为150厘米，女同学为120厘米。

目标：提高学生下肢力量及肌肉的协调性。

方法：可以利用蛙跳、单足跳或蛇形跑来完成，分成若干小组同时进行练习。

要求：动作连贯、协调，蹬地快速有力。

用 250 克圆形沙包为宜。

目标：发展学生的反应能力和判断能力。

方法：将学生分成人数相等的两组，一组进攻，一组防守。比赛的目标是赢得比对方更多的分。当进攻方的一名队员跑完全部垒位，且未被判出局，即得 1 分。防守方的一名队员将沙包扔向进攻方拿棒的队员，如扔球手连续扔出 3 个好球，球在击球手颈部以下膝部以上，而击球手一次也未打中，则防守方加 1 分。如果连续扔出 3 个坏球，则进攻方加 1 分。当进攻方把沙包打出后，进攻方可迅速跑垒，而防守方迅速捡沙包并传接到相应的队员中。如果防守队员没有封杀住进攻队员，而对方已跑完一个垒则进攻方加 1 分，反之防守方加 1 分。比赛一轮之后可以交换。

要求：不可将沙包扔向对方头部。

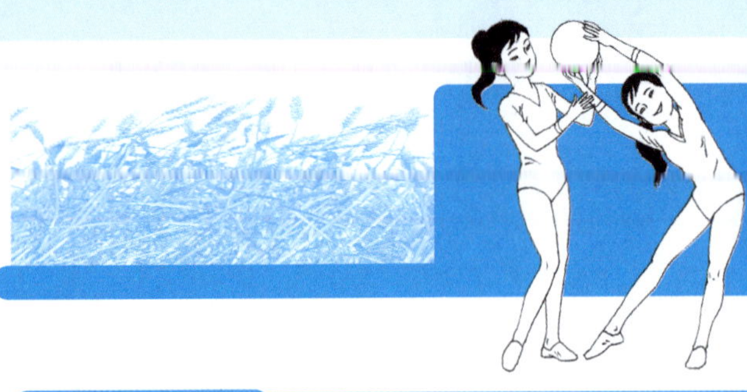

探究园地

沙包的制作

★ 材料：

碎布或旧布若干，沙子或豆子若干，线若干，针一枚。

★ 制作方法：

第一步，收集碎布。

平时做衣服的边角料不要扔掉，或者用废旧衣服也可以。把布剪成大小一样的六片正方形，备用。

第二步，缝成立方体。

1. 先分别把四块正方形的布的一边缝到一块正方形布的四个边上。
2. 这样就形成了一个“十”字，然后把周围四块布的相邻两边缝起来。
3. 这样就形成了一个没有盖的立方体，然后把最后一块正方形布缝到四方体的空着的四个边上。
4. 在缝最后一边时留下一半先不要缝。

第三步，翻立方体。

把缝好的立方体从空隙处翻过来，这样就把毛边的部分翻到里面，外面的边就变得整齐好看了。在缝的时候一定要注意，把毛边都向外缝，这样翻过来，毛边才会都在内部。

第四步，填沙子。

从没缝上的那个地方向翻过来的沙包里填进沙子，豆子也可以，那样沙包做出来质感就不同。不要填太多东西，差不多至沙包容量的 1/4 就可以。

第五步，封口。

把填好沙子的沙包剩下留口的地方缝好。要把两个毛边都向里折，然后缝起来就可以。这样沙包就完成了。大家一起来玩吧！

想一想

沙包除了能锻炼人的上、下肢力量外，还有什么功能？

你能设计出方便、美观且能随意调节重量的沙包吗？

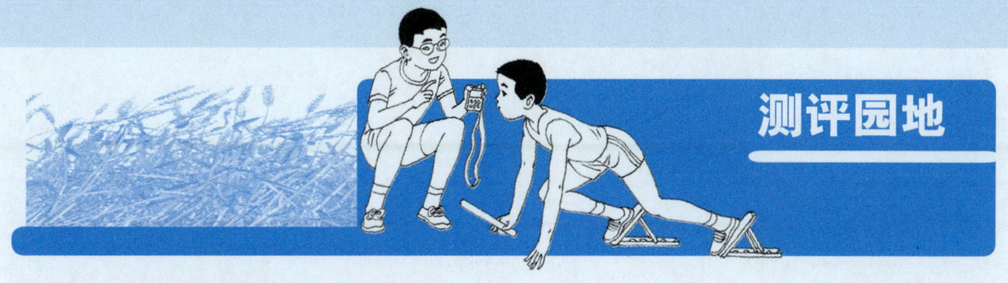

测评园地

★ 你会制作漂亮的卡通沙包吗？

★ 你会玩沙包吗？

自我评价	沙包形状	练习方法	愉悦指数
90～100 分			★★★★★
76～89 分			★★★★
60～75 分			★★★

羽舞飞翔

踢毽子是我国特有的民间体育运动。踢毽子主要是通过下肢接、落、跳、绕、踢等动作来完成，这样能很好地锻炼下肢及腰部的关节、肌肉、韧带。踢毽子不仅是锻炼身体的一种手段，同时各种踢毽子的动作充满着艺术和美感。

羽舞飞翔

踢毽子是我国特有的民间体育运动。经常踢毽子对身心健康非常有益。踢毽子主要是通过下肢接、落、跳、绕、踢等动作来完成，这样能很好地锻炼下肢及腰部的关节、肌肉、韧带。踢毽子不仅是锻炼身体的一种手段，也是一种优美的艺术表演。它同武术一样，应该加以挖掘、整理、继承和发展。踢毽子的运动量可随意控制，可视自己的体能来确定运动量。它不受场地限制，占地小、器具简单、投资少，男女老少都可参加，是一种快乐的游戏。

运动园地

盘 踢

目标：提高学生腿部关节的灵活性。

方法：用足内侧踢毽，膝关节向外张，大腿向外转动，稍有上摆，髋和膝关节放松，小腿向上摆，踢毽时踝关节发力。踢起的毽子一般不超过下巴。练习时从左足先开始为宜，即先用左足踢起一次，要求垂直，用手接住，右足再踢一次用手接住，较熟练后可连续踢。左右足都可连续踢后，改为左右两足各踢一次接住、各踢两次接住……灵活熟练后就不用再接，踢的次数越多越好。

要求：踢起的毽子高度要控制好，踢毽时踝关节发力。

磕　踢

目标：增强学生腿部肌肉力量，提高关节的灵活性。

方法：髋关节、膝关节放松，小腿自然下垂，足尖指地，膝关节发力，将毽子磕起。大腿不要外张或里扣，踢起的毽子一般不超过下巴。练习时，用手抛起毽子，然后用膝盖磕起（撞起），再用手接住，同盘踢的练习方法一样，形成一磕一接，熟练后不用手接毽，改用盘踢，形成一磕一盘，协调后两膝互换，踢的次数越多越好。

要求：注意髋关节放松，膝关节发力。

拐　踢

目标：增强腿部肌肉力量，提高关节的灵活性。

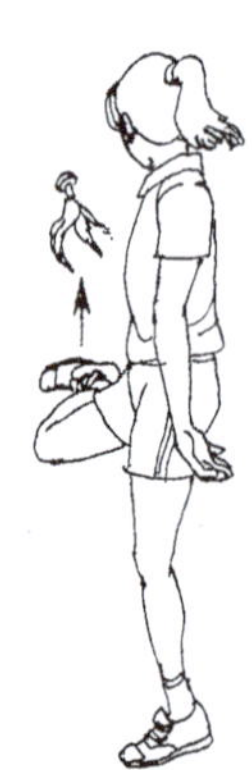

方法：用两足外侧互换踢毽，大腿放松，小腿发力向体后斜上方摆动，勾足尖。踢毽时大腿不得摆到体前，小腿向体后斜上方摆动不要过高，毽子和足外侧相碰的一刹那，踢毽脚的内侧离地面一般不超过 30 厘米，踢起的毽子高度随意。练习时，可像盘踢一样，采用一踢一接的练习方法。为了避免动作出错，练习时，踢毽脚一侧可向墙或树木等，身体与墙距离约与体宽相同，如果踢毽脚踢时碰到墙或树木，便是错误动作。

要求：大腿放松，小腿发力。

绷　踢

目标：增强学生腿部肌肉力量，提高关节的灵活性。

方法：大腿向前抬起，和身体成为 150°～160° 夹角，小腿向前摆动，髋关节、膝关节要放松，踝关节的发力要在踢毽子的一刹那，足尖外三趾向上猛地用力，将毽勾起。踢起的毽子高低都可，但应避免忽高忽低，为以后的花样踢法打下基础。练习时，可采用盘踢的一踢一接的练习方法，但在开始练习时要踢得低一些，一般不超过腰部，再低一些更好，这样能踢的次数多一些。为了避免动作出错，练习时可面向墙壁或树木，距离约与身体同宽，如练习时踢毽脚碰到了墙或树木，便是错误动作，原因是膝关节没有放松，大腿抬得过高。

要求：大腿不可抬得过高，踝关节发力。

盘踢穿越

目标：发展学生的灵敏性和协调性，以及脚对物体的控制力。

方法：当脚内侧盘踢时，毽子上升到约与胸平齐，两手迅速在身体前方合成一个圆孔，拇指、食指相对，其他手指顺势而拢，使毽子从上穿孔而下。

要求：踝关节放松用力，注意力集中。

单人踢双毽

目标：提高学生的灵敏性。

方法：学生手持两个毽子，先将第一个毽子向上轻抛起，待毽子下落至练习者膝关节高度时，学生迅速屈膝抬脚用脚内侧踢毽让其向上弹起，当毽子上升到学生胸部时，学生再将手中的第二个毽子采用前面的方法抛出，同时用手接住第一个毽子，随即学生再踢下落的第二个毽子，如此反复进行。

要求：动作熟练后，方可不用手接，直接用脚踢。

双人踢

目标：培养学生合作能力。

方法：两人相距 1~3 米面对面站立。采用脚内侧、脚外侧、脚正面三种技法平稳地将毽子踢给同伴，同伴则再将毽子踢回，如此反复进行。

要求：两人协调配合。

多人踢

目标：培养学生团队合作能力。

方法：学生人数在三人或以上，大家围成一个圆圈，相互踢传毽子。

要求：掌控毽子落地的距离。

圈内踢

目标：培养学生腿部控制力。

方法：在场地上画一个直径约1米的圆圈，学生在圆内将毽子抛起，个人用脚连续踢毽子，直到毽子落地为止，看谁踢得多。踢毽过程中出现脚之外身体其他部位触毽或在圆圈之外触毽时不计入次数。

要求：要在规定的圆圈内踢毽子。

短跑比赛

目标：培养学生腿部控制力和耐力。

方法：分别将两只毽子放在两脚背上，在确保毽子不掉落的情况下“跑”完规定的距离，可进行接力赛。

要求：跑步过程中，毽子掉落要从掉落点重新开始。

顶毽行走

目标：发展学生平衡力。

方法：将一只毽子放在练习者头上，在手不触碰的情况下，走完规定的距离。可进行接力赛，也可前后双手搭肩组成纵队，进行集体合作行走。

要求：手不能碰触毽子。

接力赛

目标：发展学生的合作能力。

方法：可将毽子作比赛接力物（棒）进行比赛。

要求：此类比赛注意交接时的安全，不可冲撞同学。

踢远比赛

目标：发展学生腿部力量。

方法：手持毽子，适时将毽子下落于由后向前摆动脚的脚背上，看谁踢得远。

要求：注意周围的同学。

踢准比赛

目标：培养学生腿部力量的控制。

方法：先在地面做好靶环，手持毽子，适时将毽子下落于由后向前摆动脚的脚背上，将毽子踢向靶心，看谁踢得准。

要求：靶环距离起踢点 3 米处，也可以直接画在地面上，以靠近靶心者为胜。

投掷练习

目标：增加学生手臂力量。

方法：学生手持毽子投进一定距离处的筐（圈、篓），也可进行打移动目标、“炸碉堡”、掷远等练习。

要求：投固定筐（圈、篓）时可自由调节距离，增加或降低难度。打移动目标时，应规定学生只能打臀部以下部位。

吹羽毛赛

目标：发展学习反应能力，增加肺活量。

方法：在场地中间拉一条绳，学生按 2～5 人一组分成两组，分别站在绳子两边，在身体不接触羽毛的情况下，用口吹羽毛，让羽毛掉落到对方场地即为胜出。

要求：准确预判羽毛的移动，步子要快。

同心传宝

目标：锻炼学生的协调、反应能力。

方法：在场地上画同心圆。每组一个毽子，将游戏者分为人数相等的若干组，每组进同心圆内，选一名组长站在内圆中，其余的组员站在外圆里。听到信号开始，组长用单脚踢毽的方法踢起来，稳定后踢给外圆的任意一个同学。接毽子的同学调整好再踢回给组长，组长接毽后，再踢给另一个同学，组长与组员互相踢一次记为一次。这样依次踢下去，在规定时间内，踢的次数多的小组为胜。

要求：接踢时，可以直接回踢给下一位接踢者，也可以用各种踢法调整（调整次数不得多余 3 次，多余者不计入总数），调整后再踢给下一位。

毽子对抗赛

目标：提高学生踢毽子的技术水平，同时提高团队的合作能力。

方法：三人一组，隔网而站，由右边同学开踢直接踢过网，对方同学只能一人接踢一次，并在第三次要把毽子踢到对方区域内，毽子落地即为失败。连续得分的一方由开踢队员继续开踢，换一方开踢时三位队员必须轮换位置，还是从右侧开始。

要求：开踢要在规定区域里，一个人不能连续踢两次，本队队员在第三次接触毽子后必须踢到对方场地上。

打 猎

目标：提高学生协调性及快速反应能力，培养团队合作意识和遵守纪律的意识。

方法：分两组学生，一组同学分别站在两条平行线后，另一组站在平行线内。游戏开始，站在平行线两边的同学手持毽子向平行线内的同学砸去，被击中的则退出游戏，如果平行线内的同学手接住毽子，则平行线上同学任意退出一位，直到有一方同学全部被击中，则互换游戏角色继续游戏。

要求：毽子击中学生的腰部及以下部位有效。平行线内同学跑动躲避时不可以越到平行线外。

健身园地

介绍几种花毽踢法，如果你行你也来试试。

里 接

目标：提高学生腿部肌肉力量，提高关节的灵活性。

方法：用各种踢法将毽子在体前垂直踢起，高度同髋关节平齐，右髋关节放松，大腿发力上摆，不要过高，膝关节外张，小腿自然向内上摆，踝关节紧张，用足内侧上迎下降的毽子。当毽子距足内侧 5 厘米左右时，大腿下摆，给予缓冲，将毽子接在足内侧。毽子接在足内侧后，髋关节放松，膝关节紧张，小腿发力上摆，将毽子垂直抛起，高约与髋关节同高，右腿立即还原成直立，右足刚一着地，左腿迅速按照刚才的右腿开始做动作，左右腿交换里接，以完成的次数多为好。

要求：左右腿变换要协调。

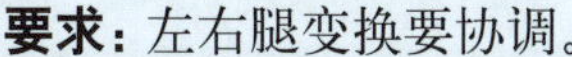

外 落

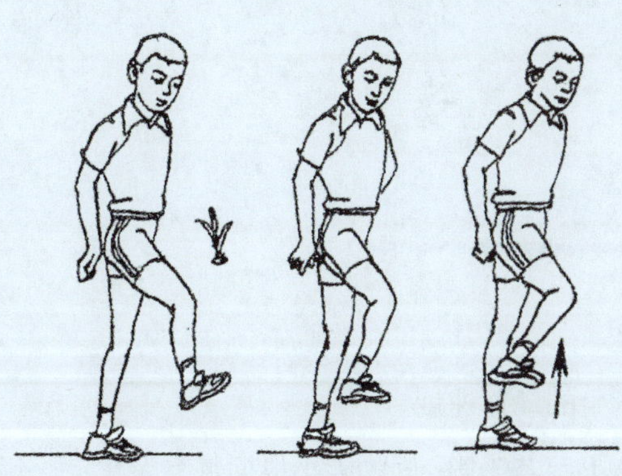

目标：发展学生的灵敏素质，提高脚对物体的控制力。

方法：用各种踢法将毽子在体前垂直踢起，高度同腰部平齐。右大腿上摆，膝关节向内扣，小腿稍向外下垂，踝关节紧张，足尖外三趾向上勾起，用足外侧迎下降的毽子。当毽子距足尖外三趾约 5 厘米左右时，大腿下摆，予以缓冲，将毽子接在足外侧三趾部位。接住毽子后，膝关节发力，大腿上摆，小腿保持接毽时的姿势不变，将毽子垂直抛起，高约同髋关节平齐，抛毽后右腿迅速还原成直立腿，右足刚一着地，左腿立即按照刚才的右腿开始做动作，将毽子接在左足尖外三趾部分，然后两足互换做外落踢毽子动作。

要求：左右腿要协调控制踢毽子的力度。

里钓鱼

目标：发展学生灵敏素质，提高脚对物体的控制力。

方法：右足用绷踢，将毽子在体前垂直踢起，高度同膝关节平齐，同时大腿顺势上摆，带动小腿，小腿发力，自外向里做圆周摆动，使踝关节在空中围毽子绕转一周，再用绷踢踢起，高约同膝关节，再绕、再绷、再绕，以次数多为好。（“外钓鱼”脚画圈方向相反）

要求：控制好踢毽子的力度，保持身体平衡。

对　踢

目标：培养学生合作能力，提高动作的熟练性。

方法：两人一组，面对面站立，间隔一定距离，一人用各种踢法将毽子在体前向另一人踢去，另一人接毽后仍用各种踢法将毽子踢回给对方，除了手以外身体其他部分都可以接毽子，只要毽子不落地，一人可以随便踢几次再踢给对方。两人相互传接成功为一次，以次数多者为胜。

要求：尽量不让毽子在踢的过程中落地。

踢毽子接力

目标：提高学生的动作速度。

方法：在场地上画若干圆，圆的大小根据每组人数定。每组一个毽子，将游戏者分为人数相等的若干组，每组进一个圆内。听信号开始，用脚内侧踢毽的方法，第一位踢毽者先踢五次，然后踢给圆内任意一位，第二位接过毽子再踢五次，又踢给另外一个人，这样依次每人踢五次后就传给其他人，直到其中一人踢毽失误为止。看哪组接力踢的时间长，时间长的组为胜。

要求：接力踢时必须每人踢一次，本组人员轮流踢完一次，方可接第二轮。接毽子时，可直接用脚接踢，也可用手接再踢。

踢毽跑

目标：提高学生的动作速度。

方法：毽子四只，小旗四面。在地上画两条相距 10 米的平行线，一条为起踢线，另一条为折回线。将游戏者平均分为四组，站于起踢线后，每组第一人持一只毽子。比赛开始后，各组第一人持毽抛起，边踢毽边向前走或跑，踢至小旗处，绕旗返回，将毽子交给下一人，第二人用同样方法继续进行。先完成的组为胜。

要求：不能抢跑，中途失误可捡起继续踢毽向前。返回时，必须踢至起踢线，方可用手接住送交给第二人。

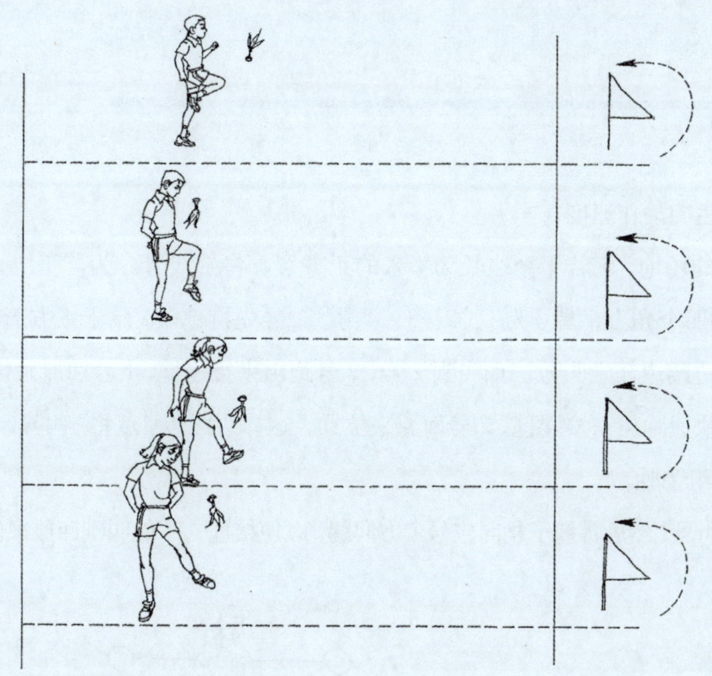

周踢传毽

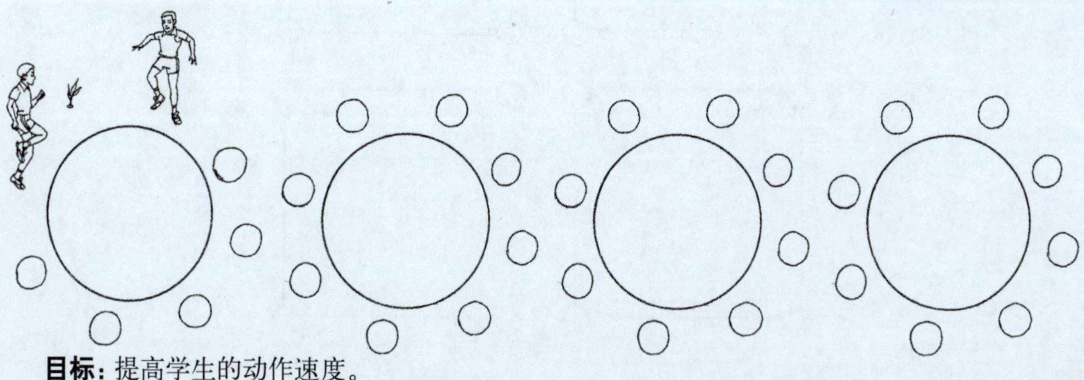

目标：提高学生的动作速度。

周踢传毽

方法：在平地上画四个圆，直径根据人数的多少定。每组一只毽子。将学生分为人数相等的四组，站于圆上，面向圆心站立，左右间隔 50 厘米，各组第一人持一只毽子。听信号开始，各队第一人将毽子按顺时针方向传踢给第二人，第二人接踢第一人的毽子后，用同样的方法踢传给第三人。这样依次进行至排尾，当排尾传给第一人时，第一人用手接住毽子，并举起毽子以示完成。先踢完一圈的组为胜。

要求：必须按顺序踢传，不准间隔传。毽子落地，由失误者捡起接着踢，必须按规定的动作踢。

点将踢毽

目标：提高学生的动作速度。

方法：选平整的场地，画若干个边长为 2 米的正方形。将游戏者分为若干组，四人为一小组，分别站在正方形的四个角上，编号为 1、2、3、4 号。1 号先持毽子，站于正方形的中心处。听到信号后，各组 1 号边踢边任意叫号。如叫到 2 号，2 号跑出来接踢毽，1 号回原来位置；2 号踢毽时若叫 4 号，则 4 号快速跑出来接踢毽，2 号回原来位置。这样边踢边“点将”叫号，在规定的时间内以毽子落地少的小组为胜。

要求：必须先叫号，然后将毽子稍向应号者方向踢，以便接毽。不能叫刚回原来位置的号。

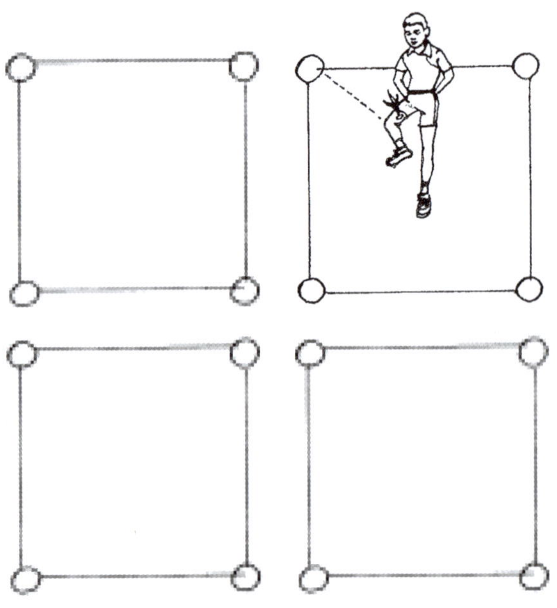

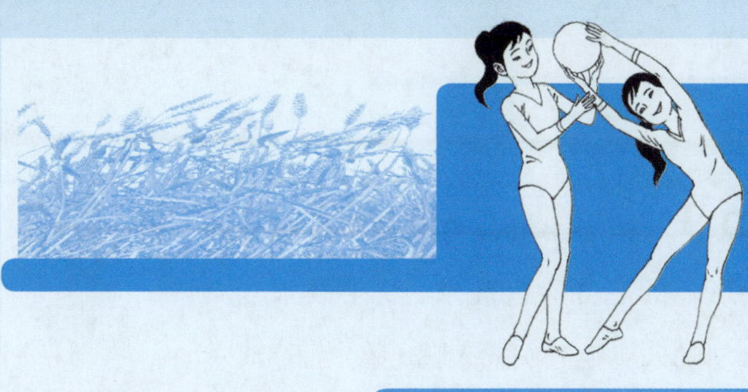

探究园地

踢毽子的技巧

踢毽子是一项古老的游戏，它起源于汉代，盛行于南北朝和隋唐，至今已有2000多年的历史，是中国民间体育活动之一，是一项简便易行的健身活动。

踢毽子有四个基础的脚法，盘踢、拐踢、绷踢和磕踢，是根据踢毽所用部位的不同，而使用的相应方法。无论哪种踢法都有一个共同的要点，即支撑腿要伸直，身体重心要移至支撑腿。眼随毽动，连续踢时，踢毽后要判断毽子的落点，并及时移位。还要注意动作的节奏，正确判断毽子的方位、落点和下落的速度，做好继续踢毽的准备。边踢边动脑筋，要求注意力集中。

想一想

毽子可以在市场购买，也可自己制作，如用纸、布、塑料、鸡毛等材料都可制作毽子。你想试一试吗？

鸡毛毽的制作

★ **材料：**

制作毽子应准备的材料：剪刀、纸、螺丝垫片（直径35～40毫米）、毛线、布、鸭（或鹅）毛管、公鸡毛。

★ **制作方法：**

A 将鸭（鹅）毛管的头、尾剪去，留下中间中空部分约3厘米长，再将此鸭（鹅）毛管用剪刀剪成二等分。

B 准备三块直径约3.5厘米的圆布，一块中间打洞，将鸭（鹅）毛管穿进打洞的圆布，放置一边。

鸡毛毽的制作

C 另两块圆布中间放一螺丝垫片用粘胶粘好，上层粘胶，把插有鸭（鹅）毛管的布放在上面粘好，修剪后，毽子底部就完成了。

D 精选四根公鸡毛并在公鸡毛的底部涂上胶水，将带胶水的公鸡毛分别插入鸭（鹅）毛管中，全部黏合后完成制作。

塑料毽子的制作

★ **材料：**

铁制垫片一块，直径 3 厘米左右，重约 50 克。塑料包扎绳，取长 30 厘米，宽 4 厘米，16 根（如图 1）。

★ **制作方法：**

把 4 厘米宽的塑料包扎绳对折 3 次，使其宽度成 0.5 厘米；再对折，使其长度成 15 厘米。拿住塑料包扎绳长度的对折点，穿过垫片中心（如图 2）。另一端两头穿过对折中心并拉紧（如图 3、4）。将 16 根塑料包扎绳按上一步骤制作（如图 5）。捏成一束并在靠近垫片部位用细绳扎牢（如图 6）。把宽度 4 厘米的塑料包扎绳随意撕成细条，越细越好，使其自然往外垂下。一个毽子就制作完成。

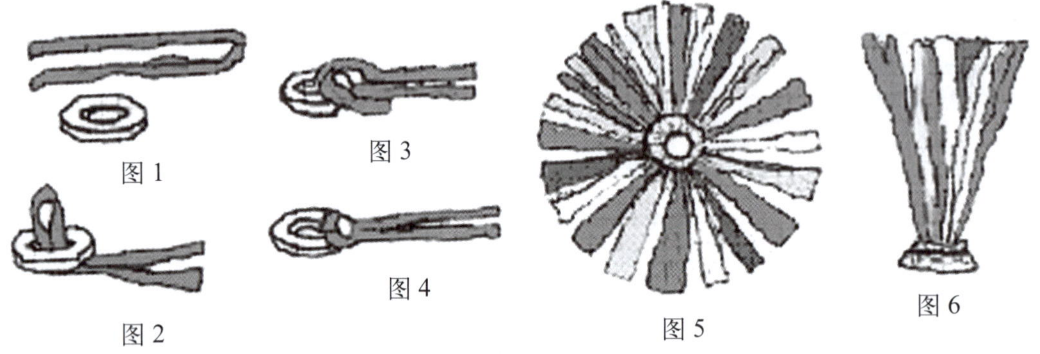

图 1　图 2　图 3　图 4　图 5　图 6

★ **塑料毽子的优点：**

便于制作，材料简易，经久耐用，携带方便。

制作简易毽子

★ **材料：**

剪刀、啤酒瓶盖、橡皮泥、毛线、布。

★ **制作方法：**

将橡皮泥装入啤酒瓶盖，以达到适当的重量。将装好橡皮泥的瓶盖放在准备好的布料中央，把盖子周围多余的布料收到中间，再用绳子扎好。用剪刀把剩下的布料剪成长短不一的须状，完成简易的毽子。

小贴士：

如果家里没有啤酒瓶盖我们还可以用 3～4 个一元钱的硬币叠在一起代替瓶盖。制作的方法也是相同的，另外我们也可以利用塑料袋来代替布料制作毽子。

想一想

尝试一下，把掷毽子与踢毽子结合起来进行练习，健身的效果会如何。

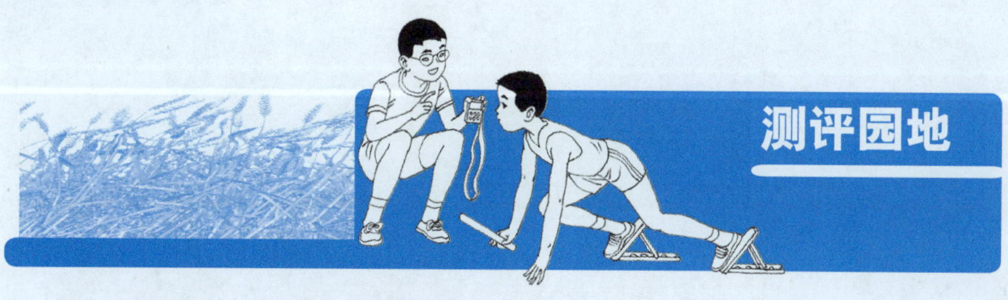

测评园地

★ 你能想出一些踢毽子的练习方法吗？

★ 你掌握了几种踢法？请打勾。

学习情况 / 内容	初步会踢	基本会踢	踢得很好
盘　踢			
磕　踢			
拐　踢			
绷　踢			

图书在版编目(CIP)数据
田野的趣 / 康茹萍主编. —上海:上海教育出版社,2017.8
ISBN 978-7-5444-7401-6

Ⅰ. ①田… Ⅱ. ①康… Ⅲ. ①体育教学—教学研究
Ⅳ.①G807.4

中国版本图书馆CIP数据核字(2017)第194660号

责任编辑 宁彦锋
季陆生
王嫣斐
封面设计 王 捷

田野的趣
康茹萍 主编

出 版 上海世纪出版股份有限公司
上 海 教 育 出 版 社
官 网 www.seph.com.cn
易文网 www.ewen.co
地 址 上海市永福路 123 号
邮 编 200031
发 行 上海世纪出版股份有限公司发行中心
印 刷 上海盛通时代印刷有限公司
开 本 787×1092 1/16 印张 11.5 插页 12
版 次 2017 年 8 月第 1 版
印 次 2017 年 8 月第 1 次印刷
书 号 ISBN 978-7-5444-7401-6/G·6097
定 价 60.00 元

(如发现质量问题,读者可向工厂调换)